宏观调控中的信赖利益保护研究

法律经济学的视角

吴元元 著

中国社会科学出版社

图书在版编目（CIP）数据

宏观调控中的信赖利益保护研究：法律经济学的视角/
吴元元著 . —北京：中国社会科学出版社，2016. 8
ISBN 978 - 7 - 5161 - 8928 - 3

Ⅰ. ①宏…　Ⅱ. ①吴…　Ⅲ. ①宏观经济调控—经济法—
研究—中国　Ⅳ. ①D922. 290. 4

中国版本图书馆 CIP 数据核字（2016）第 220247 号

出 版 人　赵剑英
责任编辑　车文娇
责任校对　宋会英
责任印制　王　超

出　　　版　中国社会科学出版社
社　　　址　北京鼓楼西大街甲 158 号
邮　　　编　100720
网　　　址　http：//www. csspw. cn
发 行 部　010 - 84083685
门 市 部　010 - 84029450
经　　　销　新华书店及其他书店

印　　　刷　北京君升印刷有限公司
装　　　订　廊坊市广阳区广增装订厂
版　　　次　2016 年 8 月第 1 版
印　　　次　2016 年 8 月第 1 次印刷

开　　　本　710×1000　1/16
印　　　张　12. 5
插　　　页　2
字　　　数　140 千字
定　　　价　48. 00 元

序　言

　　吴元元教授是国内法律经济学的代表性学者，也是青年一代学者中的佼佼者。继在《中国社会科学》等权威学术期刊发表多篇重要作品后，又推出了新作《宏观调控中的信赖利益保护研究：法律经济学的视角》。该书行将付梓。我阅读排印稿后，颇觉洞见迭出、饶有智识趣味。于是漫笔一番，略谈些读后感受，以为序。

　　宏观调控到底是作为调控主体的国家公权力部门行使自由裁量权的独占领地，还是应当践履法治原则、恪守"规则之治"的基本法治要求？这不仅是一个经济建设中的现实问题，也是一个具有重要宪治意涵的理论问题。从其外在表现形式看，由于宏观经济形势是不断变化的，宏观调控政策需要相机抉择。因此，对于调控主体来说，似乎重要的不是事先确定关于"行为模式—行动后果"的规则性框架，而是应当赋予其政策取舍的自由裁量权，确立相机抉择型的调控机制。然而，作为校正市场自发调节"失灵"的外部力量，宏观调控主要以授权性规范为主，并赋予作为调控受体的社会公众以自主选择权，宏观调控是一个系统性的行为诱导机制。比如，为了刺激需求，保持进出口贸易的稳定增长，国家借助调高商品的出口退税率以激励企业扩大出口；以国家信用和国家财力为依托，国债的发行在国家与私人主体之间建立起具有一定自主选择权的债权债务关系，从而增加国家财政收入；公开市场业务；等等。在这里，调控主体与调控受体之间并非形成以"权力—责任"形态体现出来的行为模式，调控主体并不直接以法律规范的形式界定调控受体的义务边界，而是赋予调控受体是否对调控措施积极回应的自主选择权，以利益诱导的形式为调控受体是否应进行某种经济活动、应进行何种经济行动提供指引。

对于授权性规范的宏观调控，调控受体不承担强制层面上的积极义务与消极义务。无论是自然人还是企业、社团组织，均可以通过"遵从"抑或是"不遵从"的策略选择来回应调控主体的行动指引。因此，这类宏观调控规范的最终绩效不是由调控主体的单方面意志所决定，主体的调控工具选择与受体的策略应对都是影响调控目标能否实现的变量，调控绩效是主体与受体双方合力的结果。在这个意义上，如果社会公众并未对调控主体所做出的诸如"将实施何种调控措施"的承诺建立稳定预期、形成集体信任心理，那么无论初衷多么良好的宏观调控政策设计，社会公众都会基于其不信任心理，对于调控主体的宏观调控政策的引导做出"不遵从"的策略应对。当这类策略扩散为一种社会集体选择之时，调控目标就会随之落空。

对此，有必要设立违背调控承诺的法律责任追究机制，以此引导调控主体对于信守调控承诺和违背调控承诺之间收益对比关系的认知，进而从制度层面为调控主体信守调控承诺提供充分的制度激励。有效运行的法律追责机制是调控受体可以从外部便利观察的、调控主体将信守承诺的制度保障，其将引导调控受体对调控政策积极回应，进而使得博弈格局收敛于双方（信守调控承诺，遵从调控指引）的合作型效率均衡点，调控的预期目标得以顺利实现。

确立违背调控承诺的法律责任追究机制是一个框架性的思路。在具体的制度设计实践中，把调控受体基于信赖调控主体做出的调控承诺而失去的可得收益确定为信赖利益，通过归责原则、责任构成要件的安排使得违背调控承诺的收益与调控主体相分离，并转移到遭受损失的调控受体处，由此建构宏观调控中的信赖利益保护制度体系，在填补调控受体信赖利益损失的同时，为调控主体的违背调控承诺行为设立一个净收益为负值的新价格，激励其绕开"违背调控承诺"的策略选择，将行动稳定在"信守调控承诺"这一行动路径上。作为宏观调控信赖利益保护的重要实施机制，集团诉讼具有改变调控受体诉讼力量、获得司法运作的"规模效应"、扩大司法对于公共经济政策的影响力等比较制度优势；随着工业化的进程的加快和社会转型的日益深化，司法的传统角色也在不断嬗变，以集团诉讼为代表的新型诉讼请求在很大程度上发展出了司法的"政策发现"功能。在调控主体诚信义务尚且缺乏成文法的明文规定之际，最高人民法院可以借助司法解释来填补法律空白，以司法解释的形式确立调控主体非有法定事由，或者非经法定程序不得随意变更调控承诺的诚信义务，弥补《宏观调控基本法》相关规定暂付阙如之不足，是一次值得肯定和推广的司法制度创新。

吴元元教授的这部作品，以常常被学界忽略的宏观调控中的"规则之治"为聚焦，注重宏观调控中的"调控承诺如何信守"的法理问题以及由此生成的法治秩序问题，视野开阔。这本专著对于如何完善宏观调控的法律制度进行了深入探讨，提炼出具有普遍理论意义和实践价值的论点。

在写作技巧上，采用了法律经济学的分析路径，从基德兰德、普雷斯科特的动态不一致性理论切入，始终围绕"必须以法律制度确保宏观调控措施在时间序列上融贯一致，即调控主体信守调控承诺"的主旨，系统性地构建了宏观调控中的信赖利益保护机制。论著研究视角独特，理论主线鲜明突出，结构设计颇具匠心，章节安排张弛有度，衔接自然流畅，论证深入细致。在具体的制度设计构想中，对于博弈论中可置信承诺的证成、信息经济学按照不同主体的信息能力配置法律责任、诉讼当中的规模经济等分析工具运用娴熟，与法学的规范分析有机融合，很好地体现了交叉学科研究的融会贯通能力，无论是对经济学还是法学，都有较强的借鉴、启发价值。此外，作者的文字功力也颇值得一提。整部作品语言表述清新明快且不失逻辑严密，在学术论著中体现了难得的语言严谨和优美的有机结合。作为法律经济学的代表性学者，吴元元为法律经济学作为交叉学科如何有效推进法治建设交出了一份出色的答卷。

因此，我乐于向广大读者推荐这本法律经济学的力作，希望读者们能在阅读中感受到思考的脉动以及思想的力量。

吕 政

中国社会科学院学部委员

2016 年 8 月

内容摘要

在宏观调控领域施行"规则之治"既是实现预期调控绩效的需要，更是推进我国经济法治建设的题中应有之义。除调控主体法定、调控权力法定、调控程序法定之外，以调控政策形式表现的调控承诺能否保持时间序列的一致性，即调控主体是否有充分的激励在执行阶段落实业已做出的调控承诺亦是影响调控目标能否实现的构成性要素。依据宏观经济学的动态不一致性研究，对于授权性的宏观调控规范而言，调控受体能否对之做出积极的"合作"回应直接影响调控成败；而调控受体对于调控规范"合作"与否，则取决于调控承诺的可置信度和受体的信任预期。博弈论及宏观经济学的数理分析证明，如果将事后的司法追责机制引入调控博弈，对主体的违诺行为课以实体性的法律责任，"违背调控承诺"的策略将由于其成本大于收益而不再是调控主体的理性选择，"信守调控承诺"的策略将由于其收益高于成本成为调控主体的实际选择，由此可以有效提高调控承诺的可置信程度。正如法谚所云：司法是正义的最后一道防线，倘若没有事后的司法追责机制作为抑制调控主体随意变更承诺的终极威慑，无论是追究调控主体的政治责任，还是直接责任人员的行政责任，抑或是事先的公示、告知等程序责任，都不足以充分稳定调控受体的信任预期。为在调控受体预期稳定与调控活动正常进行之间保持恰当平衡，宏观调控的法律责任追究限定于调控主体在政策执行阶段肆意违背调控承诺的行为，这类行为专属于调控执行行为。如此，既能在最易滥权的宏观调控领域树立调控主体的公信力，又能保证调控的法治化努力与相关部门法的平稳对接，保持基本法理体系的和谐与稳定。为保证司法层面的可操作性，稳定程度相对较高的计划、预算、国债、产业政策等可以设定"核心规范"，非有重大情势变动或不可抗力，按照"核心规范"做出的调控承诺在执行阶段不得变更；变动性较强的经济参数——诸如利率、税率、汇率等则可以设定"变量规范"，按照"变量规范"做出的调控承诺在执行阶段按照法定程序予以变更，调控主体不需承担违诺责任；如果在并非形势紧急的情况下，调控主体无视法定程序，肆意变更以"变量规范"体现的调控承诺并造成重大社会后果，则仍可以采取调控受体提起诉讼的方式追究调控主体的违诺责任。

确立宏观调控领域的司法追责机制是稳定调控受体预期的一个框架性思路。具体制度设计中，可以以调控违诺责任追究为核心建立信赖利益保护机制。信赖利益保护肇源于微观民事缔约活动，但是，在长期的社会变迁和制度演化中，信赖利益保护已经大大突破了原初的适用领域，发展成一种普适性的社会博弈原则和法治目标追求。其在宪法、行政法等公权力色彩突出的法律部门中的广泛应用即是明证。按照霍姆斯意义上的功能主义立场，宏观调控的公私二分属性与微观缔约当事人之间的均质化虽然形成一定程度对比，然而导源于两类活动共同的损害填补、预期稳定之功能，发端于微观缔约活动的信赖利益保护机制亦可进入宏观调控领域，在公私二元结构当中扮演稳定调控受体预期的重要角色。由于宏观调控指向的博弈主体不同，保护的利益范围不同，保护的终极目标不同，该机制必须依据宏观调控的内在规定性进行制度创新。宏观调控信赖利益保护适宜通过对调控主体课以恢复原状、损害赔偿的实体法律责任而确立存续保护、赔偿保护两种方式。恢复原状这一存续性保护已经在公权力领域普遍适用，共识度较高；而损害赔偿由于调控主体收入的财政来源性和赔偿指向对象为不特定的多数受体，学界往往认为其难以适用。其实，发源于法国大革命、为法治国家所普遍认可的"公共负担平等"理论和同样以财政收入为资金来源的国家赔偿或国家补偿实践足以证明调控违诺责任追究中损害赔偿的正当性。同时，国际上日益常见的将国家赔偿拓展到抽象行政行为、立法行为的实践也足以为损害赔偿如何解决面向不特定的多数受体之难题提供技术借鉴。司法实践中，可以采取"直接成本法"与"登记查询法"作为确定赔偿金额的基本方法。经由适应宏观调控中央层级公共物品特质的"创造性转换"，该领域的信赖利益保护可以有效借助存续保护、赔偿保护在调控主体和受体间重新配置违诺损失，保护非对称二元结构中的弱势一方，坐实作为普适性法治要求的诚实信用原则。

着眼于信赖利益保护的调控违诺责任分配应当对与损害事实相勾连的一系列条件做通盘考虑，确定哪一方能够以较低的信息费用承担证明义务，并结合责任追究在具体场域中意欲达致的主导性目标来选择相匹配的归责原则。一方面，由于调控主体无法绕开西蒙意义上的"有限理性"、调控信息或知识的"地方性"以及文字表意的不完全性，调控主体与调控受体之间的"调控—遵从"是一种不完备的二元博弈关系；另一方面，宏观调控是借助产业、财政、金融等政策工具之外力，对市场机制内生性缺陷施以反作用力的"条件依存型"活动，主体变更调控承诺之时，其心理状态究竟是着眼于"逆风向而动"的调控内在规律，还是处在追逐部门利益而违背政府决策的公定力、确定力的主观肆意状态，主体之外的相关方都缺乏有效的技术手段和信息支持进行甄别。因此，应当将主观状态认定标准客观化，从损害事实本身出发推定主体违背承诺时主观上有过错，即损害事实本身证明主体违背了应当诚实信用的法定义务，其主观上具有可责性。在过错推定原则下，调控承诺的非正当性变更引致的损害事实、调控主体违背忠实或谨慎的法定诚信义务、调控承诺非正当性变更与损害事实之间的司法因果关联构成调控违诺的追责要件，形成调控信赖利益保护的责任构造。同时，为了不至于给调控主体设置过多的行动障碍，宜以宏观调控的周期变易、"变量规范"、重大情势变更或不可抗力作为责任承担的抗辩事由。

作为宏观调控信赖利益保护的实施机制之一，集团诉讼模式具有如下比较优势：有助于改变调控受体的诉讼力量，有助于获得司法运作的"规模效应"，并且有助于扩大司法对于公共经济政策的影响力。而调控违诺追责之诉能够确立为集团诉讼的前置性要件，代表人制度、公告制度、事后权利确认制度则共同构筑了调控违诺追责集团诉讼的基本流程。宏观调控是体现国家能力的特殊公共物品，关涉经济增长、结构优化、总量平衡、国际收支均衡等诸多国计民生指标，容易造成"滥讼""缠讼"等异化效应的胜诉酬金制度不宜引入。

随着工业社会日益深化的转型与变迁，司法的传统角色也在不断嬗变，以集团诉讼为代表的新型诉讼请求在很大程度上发展出了司法的"政策发现"功能。在调控主体诚信义务规定的成文法供给暂付阙如的情境下，最高人民法院可以依据《关于加强法律解释工作的决议》《关于司法解释工作的若干规定》以及作为"帝王条款"的诚实信用原则，汲取以司法解释填补法律空白的既有实践，以司法解释的形式确立调控主体非有法定事由或者非经法定程序不得随意变更调控承诺的诚信义务，弥补《宏观调控基本法》制度供给滞后的不足。按照知识分工决定的比较优势原则和司法活动的实践理性要求，宏观调控的高度专业化要求建立处理包括调控信赖利益保护在内的经济法争讼的专门审判组织，形成适应社会分工深化的专业司法建制，并借此对扭曲专业知识逻辑的"大民事"审判格局安排进行必要的反拨。

关键词：动态不一致性　宏观调控信赖利益保护　预期稳定　集团诉讼　专业司法建制

Abstract

It is quite important to enforce "rule of rules" which is character-
istic of formal rationality in the macro-economy control and regulation
domain nor only for improving control and regulation effects, but also
for promoting China's constitution construction. Besides legal sub-
jects, legal power, legal process, the consistency of macro-economy
control and regulation promises in the time sequence, that is to say,
whether the legal subjects have enough incentive to keep their control
and regulation promises in the policy-enforcing stage is another critical
factor determining the realization of control and regulation's aims.
From the dynamic inconsistency theory perspective, if the legal objects
can take cooperative strategies, the legal subjects will easily realize
their expected aims; and whether the legal objects can take coopera-
tive strategies depends on the credibility of control and regulation
promises and the legal objects' trust expectation. Because of law's
function to stabilize expectation effectively, the institution arrangement
that is to make the legal subjects burden the legal responsibility if they
break their control and regulation promises unjustly can act as a credi-
bility hostage. In order to keep balance between the stabilization of le-

gal objects' expectation and the operation of legal subjects' control and regulation, the mentioned accountability should be confined to the legal subjects' policy-enforcing stage in which control and regulation promises are broken unjustly. Through such institution arrangement, the legal subjects can establish their credible reputation; the basic legal theory system can be stabilized, either.

To institute a legal accountability for stabilizing the legal objects' expectation is a framework. In the definite institution design, a reliance interest protection mechanism should be instituted based on the accountability when the legal subjects break their control and regulation promises unjustly. Though the public nature and the private nature are distinguished from each other in the control and regulation domain, the reliance interest protection mechanism arising from micro contracts can play an active role in the control and regulation domain to stabilize the legal objects' expectation. For the differences in the game players, the limits of the protected interests, the ultra aims, the reliance interest protection mechanism must be adjusted according to the inherent nature of control and regulation. By means of such "creative transformation", the reliance interest protection mechanism in the control and regulation domain will efficiently rearrange the loss arising from breaking control and regulation promises between the legal subjects and the legal objects, protect the weak party in the macro-economy control and regulation, and realize the universal legal principle of honesty and trust.

In order to distribute the legal accountability between the legal subjects and the legal objects effectively and justly, the accountability principle should be determined according to the information costs and the leading aims of the macro-economy control and regulation. On one hand, the "promise-compliance" relationship between the legal subjects and the legal objects is a kind of incomplete game relationship owing to the legal subjects' limited rationality in the Simon's meaning, the local information or knowledge of the macro-economy control and regulation, and professional words' incomplete meaning. On the other hand, because the macro-economy control and regulation is a type of contextual activity to offset the market failure by right of industry, finance, and money policies, whether the legal subjects are obeying the rules of control and regulation, or they are pursuing their own sections' rents when they break the macro-economy control and regulation promises can not be screened by other parties with the present technology and information situation. For the mentioned reasons, we should adopt the objective standards to identify the legal subjects' subjective state, speculate that the legal subjects' subjective state is unjust based on the legal objects' loss. With the principle of "fault-speculating", the loss arising from the unjust change of macro-economy control and regulation promises, the fact that the legal subjects breach their responsibility of loyalty and cautiousness, and the probabilistic "reason-result" relationship in the judicial meaning between the two above factors constitute the accountability elements. At the same time, cyclical change of macro-economy control and regulation, force majeure should be taken as exemption in order not to set too many obstacles for the legal subjects' functions.

As one kind of enforcing mechanism of reliance interest protection, group litigation has such comparative advantage: it can enhance the strength of the legal objects in the litigation, realize the scale effects of the judicial operation, and enlarge the judicial effects on the public economic policy. Prerequisite of the group litigation to burden the responsibility on the legal subjects, representative institution; notice institution constitute the basic process of the group litigation. Considering that the macro-economy control and regulation is a type of special public goods, the contingent fee with the effect of litigation proliferation is unfit for today's China.

With the changes and developments of modern industry society, justice is becoming more and more active, and has entered the stage for making public economic policy with its "policy-finding" function. Under the condition that there are no legal provisions for the legal subjects' accountability, China's Supreme Court can set the legal subjects' responsibility not to break their control and regulation promises unjustly by means of judicial interpretation on the ground of the "Resolution on How to Strengthen the Judicial Interpretation", the "Some Legal Rules on the Judicial Interpretation", the king provision—principle of honesty and trust, and the existing judicial practice. According to the principle of comparative advantage based on the knowledge division and judicial practical rationality, a professional court should be set up to cope with the cases relating to the macro-economy control and regulation, and the present unified civil trial pattern should be reconsidered and adjusted efficiently.

Key Words: dynamic inconsistency; protection of reliance in macro-economy control and regulation; stabilized expectation; group litigation; professional judicial organization

目　录

导　言

一　本书的背景、目的及意义

随着宪治经济学理论的确立和发展，对政府经济决策尤其是中央政府及其职能部门实施的宏观调控进行必要的法律规制，已经日益为各国学者所重视并形成国家治理理论的重要分支；在我国，由于 2006 年年初国家发展和改革委员会关于制定宏观调控基本法之立法动议的提出，宏观调控领域的"规则之治"建设再度引起各界尤其是法学界的关注。从既有的研究来看，其关注点主要集中在调控主体法定、权限法定、程序法定方面，而对于调控主体是否有足够的激励在执行阶段落实其已经做出的调控承诺，即是否能够保持调控措施在时间序列上的前后一致性之学理考察仍有待深入。

与之相对应，宏观调控实践中导源于调控承诺随意变更的纷争也层出不穷，强烈呼唤对于调控措施之安定性、稳定性的制度安排和相应的学理研究。以下两个备受社会关注的案例深刻反映了这一呼声。

例一：谢百三诉财政部暂停国债回购①

2001 年 12 月 7 日，复旦大学教授谢百三对财政部"暂停"第七期国债的决定提起诉讼。2001 年 7 月 31 日至 8 月 7 日，财政部在深圳和上海证券交易所分销了今年第七期记账式国债。根据销售公告和财政部《关于 2001 年记账式（七期）国债发行工作有关事宜的通知》，该国债发行总额为 240 亿元，"发行结束后可在上海证券交易所和深圳证券交易所上市流通"。自 1993 年 12 月以来，我国历次发行的国债都可以自由流通，并且此次销售公告和财政部通知也明确规定可以在上交所和深交所上市流通，而国债可以上市交易正是国债进行回购操作的前提。由于我国国债的良好声誉和相对较高的收益率以及较低风险，特别是允许国债上市流通的规定，复旦大学教授谢百三作为众多购买者的一员，购买了今年第七期国债。

然而，令广大券商和购买者想不到的是，2001 年 8 月 9 日该国债发行结束的第二天，财政部国库司以便函的形式通知中央国债登记结算有限责任公司和深沪证券交易所："本期国债在交易所市场上市时间另行通知，上市后，交易方式首先为现券买卖，回购交易起始日将视市场情况安排"，即以一纸便函"暂停"了该国债的回购功能。国债的流通性是导致投资者纷纷看好国债并积极购买的重要原因，

---

① 参见陈人杰《复旦博导谢百三要告财政部》，《中国青年报》2001 年 12 月 31 日；张小彩《谢百三诉财政部升级高法》，《财经时报》2002 年 7 月 5 日。

第七期国债采用荷兰式招标方式，最后中标利率为4.26%，远高于当时交易所国债2.6%—3.45%的收益率标准，使其受到热烈追捧。不料8月9日财政部却突然取消该国债的回购功能，致使其价格受到压制，严重影响了投资人的收益。

对于财政部的"暂停"通知，谢百三认为，财政部在发行该国债以前，以承诺国债可以自由上市流通作为要约，使得广大投资者纷纷购买。但是，等到发行结束，国债的流通却突然遭到禁止，严重侵害了普通投资者的财产权。另外，该通知也违背了1992年国务院颁布的《国库券条例》中"国库券可以用做抵押"的规定。基于此，谢百三向北京市第一中级人民法院提起诉讼，请求撤销财政部的便函通知，并判令财政部向全国投资者道歉。他说，这次诉讼之所以没有提出赔偿请求，目的是给国家机关和全国的投资者提个醒，希望以后杜绝类似的随意行为。如果外国投资者在中国购买国债遇到这种情形，肯定会要求赔偿。2002年7月，谢百三将对财政部的诉状递交最高人民法院。

例二：印花税上调意外　部门诚信受质疑①

2007年5月30日零点，新华社突然发布了上调股票交易印花税的消息：从2007年5月30日起，财政部决定将股票交易印花税税率由现行1‰调整为3‰。这是继4月29日

---

①　参见南沙《印花税上调意外　部门诚信受质疑》，《南方都市报》2007年6月1日；胡凌《股民非赌徒　别搞突然袭击》，《成都晚报》2007年6月6日。

央行提高准备金率、5月16日央行加息及再次提高准备金率和扩大人民币汇率浮动区间"三率"联动后，政府采取的直接针对股市过热的调控措施，频率之繁，力度之大，前所未有。

股票交易印花税是专门针对股票交易发生额征收的一种税，是投资者从事证券买卖所强制交纳的一笔费用，通常也被当作宏观调控股市的一项直接政策工具。5月23日，财政部、国家税务总局新闻办有关负责人在正式答复三大证券报关于上调印花税的传闻时，都一致明确表示近期不会调整印花税。市场据此判断政府近期不会出台一些直接的干预措施，导致指数继续上涨。然而，5月30日凌晨突然出台的印花税政策却使得来自官方的正式承诺瞬间失效。

对于股票交易印花税意外上调，证券市场及广大股民反应强烈，认为财政部、国家税务总局等国家机关无视自身对社会公众明确做出的正式承诺，出尔反尔，采取"突然袭击"的方式上调印花税，在调整的时间和程序上都违反了法治政府的诚实信用原则。甚至不少股民通过媒体发出以下诘问："面对上市公司的虚假信息和'阴阳公告'，责任人需要承担民事责任、行政责任甚至刑事责任，但对于政府的'阴阳政策'，普通民众怎么办？是相信政府明里的话，还是黯然接受潜规则怨天尤人自己没有后台？"由此引发了一场对于政府诚信的强烈质疑。

"谢百三诉财政部暂停国债回购"及"印花税上调意外　部门诚信受质疑"折射出来的不仅仅是调控受体为维护自身合法

财产权利的诉求和努力，更重要的是，其凸显了一个由于宏观经济波动性而被长期忽略的重大经济法治建设问题：在"法治国"成为各文明国家共同追求的目标的今天，调控主体应当如何循法而治，通过对法律规则的遵奉树立信守承诺、诚实信用的公众形象，塑造与"法治国"要求相匹配的社会公信力。

对于如何确保调控主体信守调控承诺之学理研究或制度安排的薄弱状况与凯恩斯主义的"相机抉择论"在宏观经济学界的长期主流地位是分不开的。凯恩斯干预主义①认为，亚当·斯密的"看不见的手"式的市场自发调节无法矫正市场机制的内生性失衡，放任自由的经济运行模式必定引致市场资源配置失灵。为矫正这种对均衡状态的非效率性偏离，凯恩斯干预主义主张应采取国家力量介入的外生性调节进路，以财政、货币等政策工具"逆经济风向而动"，抵消不同经济周期的负性溢出效应，熨平经济周期，实现宏观经济运行的增长率、就业、价格和经济平衡四大目标。由变动不居的宏观经济情势所决定，凯恩斯主义强调：相机抉择而不是固守规则才能适时应对宏观经济的周期性波动，因此，对于调控主体来说，重要的不是事先确定关于"行为模式—行动后果"的规则性框架，而是应当赋予其政策取舍的自由裁量权，确立相机抉择型的调控机制。

其实，各国的经济实践证明，宏观调控措施有相当部分以授权性规范为其表现形态，与政府相对应的宏观调控受体可以凭借遵从或者不遵从调控的策略选择来回应调控主体的行为引

---

① 参见［英］罗杰·E. 巴克豪斯《西方经济学史》，莫竹芩、袁野译，海南出版社 2007 年版，第 312—316 页。

导，使得调控的实际绩效将更多地取决于调控受体的理性预期及预期支配下的选择；而宏观调控措施在其制定阶段与执行阶段是否融贯一致，即政府在执行阶段是否基于充分的激励履行其在制定阶段宣称的调控承诺，将直接决定着调控受体的预期确立和实际策略选择，进而影响宏观调控绩效。在这里，凯恩斯主义的"相机抉择论"遭遇了来自现实生活的强有力的挑战。

2004 年度诺贝尔经济学奖得主基德兰德与普雷斯科特以其动态不一致性理论[①]出色地证明了"相机抉择论"的"阿喀琉斯之踵"。[②] 他们指出：在强调"相机抉择"的调控背景下，政府很可能缺乏充分的激励在执行阶段落实其在制定阶段宣称的调控承诺，如果这一点能够为理性的调控受体所预期，那么，后者对于政府的调控引导将采取不遵从的对策。当这类调控受体的数量达到足够大时，宏观调控的目标将因之落空。如果将事后的司法追责机制引入调控博弈，对主体的违诺行为课以实体性的法律责任，"违背调控承诺"的策略将由于其成本大于收益而不再是调控主体的理性选择，"信守调控承诺"的策略将由于其收益高于成本而成为调控主体的实际选择，由此可以有效提高调控承诺的可置信程度，实现宏观调控目标。

基德兰德和普雷斯科特的经济学证明为宏观调控领域责任制度变革打开了一道重要的缺口。按照常规的法律责任学说，

---

① 参见 Kydland, F. E. and E. C. Prescott, "Rules Rather than Discretion: The Inconsistency of Optimal Plans", *Journal of Political Economy*, Vol. 85, No. 3, 1977, pp. 473 – 491。

② 古希腊神话中的阿喀琉斯是海洋女神之子，是一个战无不胜的勇士。在他刚出生的时候，海洋女神抓住他的脚后跟，把他倒拎着在冥河里浸过一遍，因此他的全身得以刀枪不入，而没有浸到冥河之水的脚后跟就成了他身上唯一的弱点。在后来的特洛伊之战中，所向无敌的阿喀琉斯终于被一支阿波罗之箭射中了脚后跟，从而丢掉了自己的性命。"阿喀琉斯之踵"被用来形容根本性的弱点。

对直接责任人员追究行政责任是宏观调控领域基本的责任形式。但是，在我国当前"强行政"和行政系统自我约束弱化的语境下，直接责任人员的行政责任承担难以形成对调控主体的有效约束，反而容易虚化；更重要的是，仅仅是个别人员行政责任的承担并没有改变调控主体违背调控承诺的成本—收益关系，信守调控承诺仍然不能成为调控主体的最优选择；同时，直接责任人员的行政责任承担也没有对调控受体的不利益状态进行符合公平正义的校正和救济，其仍然难以建立对调控政策的信赖预期。另外，常被提及的政治责任、事先的程序责任亦难以胜任稳定受体预期的职能。政治责任由于关涉社会局势稳定，并且多属于政治学的考察范畴，在法律实践中的作用空间不大；而事先的程序责任如果不是没有事后的实体性法律追责机制作为保障的基石，依然会沦为一纸具文——在上文提及的印花税意外上调的例子中，财政部无视财政政策出台的法定程序和自身先前的公开承诺，以"突然袭击"的方式上调印花税有力地说明了这一点。因此，基于经济学严格数理论证的事后司法追责机制应当是约束调控主体滥权、稳定调控受体信任预期的可行选择。

经济学的研究成果不但为宏观调控领域的责任制度变革提供了契机，更揭示了一个长期以来被放逐于研究视野之外，然而对于调控绩效来说至关重要的问题：在以相机抉择为流行模式的宏观调控领域，是否有必要借助事后的司法追责机制，将调控受体的理性预期稳定在"调控主体将执行以调控措施为表现形式的调控承诺，遵从调控是最优选择"上？倘若有必要以事后的司法追责机制确保调控措施在时间序列上的融贯一致性，从而提高调控措施的可置信程度以稳定受体的理性预期，那么，又应当如何借助细致的制度安排使之成为可操作性规则？如果说诺贝尔奖得主已经从经济学的视角指出司法追责机制的必要性的话，如何使之从理论上的必须转变为实践中的可行，则是法学研究者特别是经济法学研究者应该而且能够做出回答的重大课题。

本书从基德兰德和普雷斯科特的动态不一致性理论切入，在宏观调控领域中引入肇源于微观契约关系的信赖利益保护，并根据调控的内在规定性进行相应的调整和创新。循此，本书把调控受体基于信任调控措施必定会得到执行，并由此采取遵从调控政策，然而却因为调控承诺肆意改变所遭受的直接损失确定为信赖利益，通过信息费用刚性约束下的归责原则、法律责任构成、抗辩事由、责任承担的边界厘定等要件的安排确立宏观调控信赖利益保护的责任构造。通过恢复原状、损害赔偿这两种责任承担方式，为调控主体违背调控承诺设立一个净收益为负值的行动价格，激励其绕开违背调控承诺的策略，最终将决策选择稳定在"信守调控承诺"这一效率型的行动路径上。

没有具备操作性的程序规则，设计完备的实体性追责规定也不免流于空谈。因此，本书特别对由集团诉讼模式支持的宏观调控信赖利益保护诉讼实施机制，以及基于司法能动主义、知识分工深化和实践理性之信赖利益保护的司法职能、组织建制进行初步的制度创新，以此进一步落实调控信赖利益保护机制的学理构建并增强其可操作性，最终为稳定调控受体的预期、改善调控绩效奠定制度基础。

二 国内外的研究现状

就当前国内外的状况来看，虽然宏观调控信赖利益保护的研究尚属于待开垦地，仍有不少基础性的理论探索有待加强，但是，各学科的相关成果已经为本书的研究提供了初步的资料和理论支持。

首先，宏观调控法定主义——包括主体法定、程序法定等要素在内的宏观调控合宪性研究已经开启了宏观调控领域"规则之治"的第一步。这类研究以合宪性即法理学所指称的义理正当性为着眼点，从主体、程序等多个维度论证了在宏观调控中循法而治的重要性和可行途径，成为本书研究得以展开的不可或缺的基石。

其次，如果说法学界的论证主要从静态分析框架展开的话，那么经济学界的考察则从动态的视角确立分析框架，从而借助数理模型证明以事后的司法追责机制稳定调控受体预期的必要性。这类研究以货币政策为中心，认为如果主体认为高于理想状态的自然失业率下产量太低，或者受选民压力不得不将产量提高以扩大就业，那么，即使主体在制定阶段事先承诺一个低通货膨胀率，其仍然具有借助通货膨胀提高产出、推动就业，从而违背承诺的激励。然而，调控受体对于低通胀率承诺的确信并非外生给定。一旦主体可能违背调控承诺的信息进入受体的信念结构，按照序贯理性的"理性博弈参与人的策略选择必须与其预期相一致"之要求，在"调控主体有激励违诺"的预期支配下，相信主体低通胀率的承诺且遵从调控政策引导将是调控受体视角中的劣策略，它不会出现在实际可观察的博弈路径上，不会成为调控受体的实际选择。

对此，欲使受体认为低通胀率是可以置信的从而对调控采取合作策略，重要的办法之一就是实行单一的货币政策，即以法律的形式规定一个固定的货币增长率，对之违反则由司法机制追究法律责任。因为法律责任规定限制了政府行动的自由，等价于一个可信的承诺行动，政府反而可以受益。

再次，由于本书以调控受体的信赖利益法律保护为切入点，微观民事缔约活动中的信赖利益保护研究亦是必要的比较参照系。这类来自民商法学的研究的核心要素和理论贡献在于明确指出：双方当事人为缔结契约进行接触、磋商时，即从契约交易外的消极义务领域步入契约接触中的积极义务领域，参与缔约的当事人互负必要的注意义务，因违反该项义务而致他方缔约人损害的，过失人应承担赔偿责任。赔偿责任指向的对象正是一方当事人因相信该合同为有效成立但由于相对方违反履约承诺而遭受的损失，其最终目的是赔偿缔约一方在相信对方将履行承诺基础上而生成的信赖利益，使之恢复到尚未进入缔约磋商阶段的利益原初状态。

复次，行政法学领域也有关于信赖利益保护研究的成果。这类研究将行政主体与行政相对方之间的关系设定为公法契约关系，认为行政主体虽然在行政管理、行政决策层面享有相对方难以企及的优势，但是，行政承诺的做出即在双方之间成立公法契约关系，当公民对政府做出的公权力行为已产生信赖，并且这种信赖因其具有正当性而应当得到保护时，政府不得变动该行为；如果确实出于公共利益的考虑需要变动该行为时，必须对公民基于信赖而遭受的损失以公平补偿或恢复原状。这类研究突破了民事契约关系的信赖利益保护拘泥于微观个体的局限，将信赖利益保护指向的主体、范围和终极目标予以必要的改革和创新，使之成为证成行政主体公信力的制度装置，为本书拓展信赖利益保护的传统功能、稳定调控受体预期以达致宏观调控法治目标提供了相应的借鉴。

最后，是司法组织的社会学研究成果。这类文献分析了法院特别是对应于处于最高法院层级的司法组织对公共经济政策可以发挥的重大作用，以及实际已经具备的宏观经济规制功能，指出不同的司法过程对于宏观经济运行的不同意义，使本书在坐实宏观调控信赖利益保护机制上获得相应的启发。

三　本书的难点、重点和创新

本书选题在当前的研究中相对薄弱，难度较大。

第一，由于具有突出现代性特质的经济法处在不断的发展之中，而作为其子部门的宏观调控法更是发蒙未久的"法苑新枝"，学界对宏观调控的法治化，特别是宏观调控法律责任追究问题难免看法歧异，聚讼纷纭，尚未达成共识程度较高的通用研究范式。这类对于学科发展而言难以避免的状况使得本书的选题和理论努力尽管对于有效落实宏观调控法的可实施性具有积极意义，但是也在相当程度上增加了本书源自通用研究范式缺位的学术风险。

　　第二，相关的资料、文献较为缺乏和分散。从中文文献来看，无论是论文还是专著，目前就宏观调控领域如何达致"规则之治"的制度设计尚未出现系统的成果。从外文文献来看，在英美法系，由于法律规范分类方式的差别，除从司法组织学的角度对联邦司法系统规制经济功能进行较为完整的分析以外，对宏观调控领域的法治建设研究多散见于宪法学、行政法学的著述之中；在大陆法系，由于非私法范畴的信赖利益保护脱胎于德国行政法院判例，故相应研究亦主要从行政法学、宪法等传统公法的进路切入，真正着眼于经济法内在规定性而展开的、针对宏观调控受体之预期稳定的法律制度构建分析仍付诸阙如，这为本书的文献收集和综述带来一定的困难。

　　第三，由于宏观经济运行的复杂性、多变性以及对外部风险因素的敏感性，宏观调控信赖利益保护的责任构造较之微观契约关系中的相同问题要复杂和艰难得多。无论是归责原则，还是具体责任构成要件、抗辩事由、举证责任配置，直至细致的责任范围界定，都必须建立在对于微观契约关系信赖利益保护的科学扬弃和理性创新的基础之上，根据宏观经济系统运行的质的规定性以及经济法学自身的研究范式来展开，这对于笔者是一个智识和理论的重要挑战。

　　第四，宏观经济领域的法治构建离不开宏观经济学的支持，其中关涉为数不少的宏观经济模型。所以，经济学方法的运用既是本书的必须，也是本书的一个方法创新。但是，如何将经济模型论证与法学分析恰切地整合起来，使之有效地服务、服从于本书的主旨，而不是流于当前某些法学交叉学科研究中出现的"两张皮"局面，这是本书需要审慎处理的问题。

　　本书主旨在于为宏观调控领域的法治构建开辟一个真正具备可操作性的制度进路，因此，将在对宏观调控合法性之"微言大义"论证的基础上，将分析的着力点、重点落在细致的制度安排中。相应地，宏观调控信赖利益保护的责任构造、宏观调控信赖利益保护的司法实施机制、宏观调控信赖利益保护的司法组织创新将是本书的论证核心。

　　借助宏观调控信赖利益保护的制度化解决，本书拟以问题导向型的分析理路切实回应关于经济法责任的独立性、经济法规范的可实施性，以及与经济法实施的独立司法组织配置等长期以来聚讼纷纭的一系列重要实践问题。

　　在创新方面，本书力求在汲取既有文献之长的基础上能够产出有助于推进经济法理论深化的增量知识。首先，明确将基于宪治经济学的"规则之治"作为价值追求引入宏观调控的运作过程，有助于部门经济法学与普适性的宪法治理理论对接与交融，提升宏观调控法治化研究的理论位阶。其次，对肇源于微观契约关系的信赖利益保护进行"创造性转化"。本书根据宏观调控作为中央层级公共物品的语境、约束条件以及内在规定性，借助霍姆斯意义上的功能主义视角设计出符合调控运作规律的违诺责任构造，以保护调控受体因为信赖调控承诺而引致的信赖利益损失。责任构造的安排，既积极借鉴民事侵权责任、行政主体法律责任构成要件的有益成分，又依据宏观调控的内在规定性做出尽可能科学的扬弃，力求所构设的责任安排能够充分反映出社会分工日益深化之产物——宏观调控的现代性、经济性、政策性、能动性，并推进独立自洽的经济法责任体系之构建。再次，本书对既有研究成果极少涉及的调控违诺追责的实施机制展开细致论证。着眼于调控主体—调控受体极为不对等的诉讼博弈地位、违背调控承诺之影响的深广、调控违诺追责之诉对于宏观经济政策的渗透力和作用力，本书将集团诉讼确立为可欲的（desirable）调控违诺责任追究模式并对相应的一系列流程进行制度创新，填补当下经济法研究中实施机制关注较少的不足，以期真正落实经济法的"可实施性"。最后，本书提出以司法解释作为调控违诺追责的补充性制度供给进路，对与之相适应的法律依据、既有司法解释实践、法律原则基础给出较为详尽的分析，不仅进一步坐实了调控违诺追责的"可实施性"要件，而且从部门经济法的维度为司法组织社会学中的司法功能理论提供了增量知识。

四　本书框架及基本内容

除导论之外，本书正文部分分为五章。

第一章以宏观经济学的动态不一致性原理立论，揭示了在宏观调控措施为授权性规范的条件下，调控政策的可置信性对于受体预期稳定，进而对于调控绩效的构成性作用。博弈论与宏观经济学的数理论证表明，如果将事后的司法追责机制引入调控博弈，对主体的违诺行为课以实体性的法律责任，使得违背承诺的收益将远远低于履行承诺收益，"信守调控承诺"的策略将成为调控主体的实际选择，由此可以有效提高调控承诺的可置信程度；而调控主体的政治责任、直接责任人员的行政责任、事先的公示和告知等程序责任都不足以充分稳定调控受体的信任预期。为在宏观调控法治化与调控活动正常进行之间保持恰当平衡，宏观调控的法律责任追究限定于调控主体在政策执行阶段肆意违背调控承诺的行为，这类行为专属于调控政策执行行为。从司法操作层面出发，稳定程度较高的计划、预算、国债、产业政策等可以设定"核心规范"，非有重大情势变动或不可抗力，按照"核心规范"做出的调控承诺在执行阶段不得变更；变动性较强的经济参数——诸如利率、税率、汇率等则可以设定"变量规范"，按照"变量规范"做出的调控承诺在执行阶段按照法定程序予以变更，调控主体不需要承担违诺责任。如果在并非形势紧急的情况下，调控主体无视法定程序，肆意变更以"变量规范"体现的调控承诺并造成重大社会后果，则需追究调控主体的违诺责任。

第二章从信赖利益保护切入，借助微观缔约活动与宏观调控中信赖利益保护所共同具有的损害填补、预期稳定之功能，将调控受体由于信赖调控措施必定会得到执行，并由此采取遵从调控政策而遭受的直接损失确定为信赖利益，以此作为违背调控承诺的法律追责机制的制度设计基石。由于宏观调控指向的博弈主体不同、保护的利益范围不同、保护的终极目标不同，信赖利益保护机制必须依据宏观调控的内在规定性进行调整与创新。调控信赖利益保护适宜通过对调控主体课以恢复原状、损害赔偿的实体法律责任而确立存续保护、赔偿保护两种方式。"公共负担平等"理论和同样以财政收入为资金来源的国家赔偿或国家补偿实践证成了调控违诺责任追究中损害赔偿的正当性，国际上日益常见的将国家赔偿拓展到抽象行政行为、立法行为之实践也为损害赔偿如何解决面向不特定的多数受体之难题提供技术借鉴。司法实践中，可以采取"直接成本法""登记查询法"作为确定赔偿金额的基本方法。经由适应宏观调控中央层级公共物品特质的"创造性转换"，该领域的信赖利益保护能够有效地在调控主体和受体间重新配置违诺损失，保护非对称二元结构中的弱势一方，坐实作为普适性法治要求的诚实信用原则。

第三章首先考察信息费用约束下的信赖利益保护归责原则。由于调控主体与受体之间的"调控—遵从"关系是信息经济学视角中的不完备契约，调控主体违背承诺时的主观状态是一种难以观察、难以核实的信息，因此，宏观调控信赖利益保护实行的是过错推定原则。其次，分别考察调控承诺的非正当性变更引致的损害事实、调控主体违背忠实或谨慎的法定诚信义务、调控承诺非正当性变更与损害事实之间的司法因果关联，确立宏观调控信赖利益保护的追责要件。最后，考察宏观调控措施变更的司法豁免，确立调控的周期变易、变量规范、重大情势变更作为责任承担的抗辩事由。

第四章借鉴诉讼法学的方法，分析集团诉讼模式的内在比较优势，即有助于改变调控受体的诉讼力量，有助于获得司法运作的"规模效应"，并且有助于扩大司法对公共经济政策的影响力，指出，作为宏观调控信赖利益保护的实施机制之一，集团诉讼是一种有效率的司法模式选择；而调控违诺追责之诉能够确立为集团诉讼的前置性要件、代表人制度、公告程序、事后权利确认程序则共同构筑了调控违诺追责集团诉讼的基本流程。宏观调控是体现国家能力的特殊公共物品，关涉经济增长、结构优化、总量平衡、国际收支均衡等诸多国计民生指标，容易造成"滥诉""缠讼"等异化效应的胜诉酬金制度不宜引入。

第五章对宏观调控信赖利益保护的司法组织创新进行探讨。鉴于最高人民法院在推动公共经济政策变迁中的重大影响及其在转型时期具备的经济规制功能,在调控主体诚信义务规定的成文法供给暂付阙如的情境下,最高人民法院可以依据《关于加强法律解释工作的决议》《关于司法解释工作的若干规定》以及作为"帝王条款"的诚实信用原则,汲取以司法解释填补法律空白的既有实践,以司法解释的形式确立调控主体非有法定事由或者非经法定程序不得随意变更调控承诺的诚信义务,弥补《宏观调控基本法》制度供给滞后的不足。按照知识分工决定的比较优势原则和司法活动的实践理性要求,宏观条款的高度专业化要求建立处理包括调控信赖利益保护在内的经济法争讼的专门法庭,形成适应社会分工深化的专业司法建制,并借此对扭曲专业知识逻辑的"大民事"审判格局安排进行必要的反拨。

五　研究方法与写作方法

本书在研究方法的选择上既汲取微观契约关系、行政法律关系信赖利益保护理论的合理成分,同时又不拘泥于此,而是着眼于经济法学的宏观研究范式,综合法理学、宪法治理理论、信息经济学、宏观经济学的研究工具,从而开放出全方位、多维度的分析视角,为以交叉学科的进路开展部门法学研究提供一种可能。

　　特别需要指出的是，本书力图将调控主体应当诚实守信、落实调控领域的"规则之治"从而推进法治秩序建构这一法治国家的重要命题的论证与调控受体对于调控主体的信赖利益诉求有机整合，纳入法律经济学的分析框架并予以展开，以动态不一致性的序列分析工具、博弈论分析工具等进行相关制度构建，以期对改变当下法学研究忽视借助综合社会科学进路对制度效果全面考察，过分注重语词、原则、理论演绎的"宏大叙事"风习有所助益。

第一章　调控受体的预期稳定与宏观调控领域的法律责任追究

一　宏观调控领域的调控受体预期稳定

（一）宏观调控规范的授权性特点

按照经济学界的通说，宏观调控是中央政府综合运用计划、财政、税收、金融、产业政策等工具对国民经济的总量、结构以及运行态势进行调节控制，以确保国民经济健康、有序、和谐发展的活动总和，其目标在于实现充分就业、价格稳定、经济持续均衡增长和国际收支平衡。[①] 宏观调控指向的法律关系是调控主体和调控受体之间的互动关系。所谓调控主体，是享有宏观调控决策权、执行权的中央国家机关，包括全国人大及其常委会、财政部、国家税务总局、中国人民银行、国家发展和改革委员会、商务部等。宏观调控是国家着眼于社会整体经济

---

① 高鸿业主编：《西方经济学》（宏观部分），中国经济出版社 1996 年版，第 584页。

态势而提供的中央级次的"公共物品"①，所以地方国家机关对本区域采取的经济调节措施不属于本书意指的宏观调控，相应地，地方国家机关也不是本书意义上的调控主体。所谓调控受体，是依法接受调控的对象，包括作为市场主体的企业、社会组织和居民等。② 不同于以意思自治为基点的私法规范体系，也不同于以"命令—服从"为主导逻辑的公法规范体系，调整宏观调控过程中调控主体与调控受体之间互动关系的宏观调控规范体系呈现出自身独有的授权性特质。

　　作为校正市场自发调节"失灵"的外部力量，以授权性规范表现出来的宏观调控可以是一个系统性的行为诱导机制。比如，为了刺激需求、保持较高的经济增长率和扩大出口，国家可以借助调高商品的出口退税率来增强企业扩大商品对外输出的激励；以国家信用和国家财力为依托，国债的发行在国家与私人主体之间建立起具有一定自主选择权的债权债务关系，从而国家能够凭借私人主体的自愿选择达致社会总供给与总需求之间动态平衡的调控目标。其余类型的宏观调控诸如央行公开市场业务等亦然。凡此种种，不一而足。在这里，双方之间并非形成以"权力—责任"形态体现出来的行为模式，调控主体并不直接以法律规范的形式界定调控受体的义务边界，而是赋予调控受体是否对调控措施积极回应的自主选择权，以利益诱导的形式为调控受体是否应进行某种经济活动、应进行何种经

---

　　① 公共物品是指消费上具有非竞争性、非排他性的物品。易言之，是指一个人消费某件物品并不妨碍其他人同时消费同一件物品，也不能排斥社会上任何人消费该物品。国防、治安、法律等是典型的公共物品。参见余永定、张宇燕等《西方经济学》，中国社会科学出版社 1999 年版，第 258—259 页。

　　② 参见张守文《经济法学》，北京大学出版社 2005 年版，第 61—62 页。

济行动提供指引。在这个意义上，可以说，"宏观调控权利中指向市场主体的那部分权利的形式选择，应以指引性为主"。[①]

对于授权性规范的宏观调控，调控受体不承担强制层面上的积极义务与消极义务。无论是私人个体还是企业、社团组织，均可以通过遵从抑或是不遵从的策略选择来回应调控主体的行动指引。因此，这类宏观调控规范的最终绩效不是由调控主体的单方面意志所决定的，主体的调控工具选择与受体的策略应对都是影响调控目标能否实现的构成性变量，调控绩效是主体与受体双方"合力"之产物。

（二）影响调控受体之预期的结构性因素

一般地，对于可以自主选择行为模式的授权性调控规范，作为"理性人"的调控受体往往依据成本—收益分析来决定自己是否遵循宏观调控的行为引导，而决定遵循调控指引的选择为收益大于成本，从而该选择是可欲的理性行动的要件则是以下若干基本因素。

1. 调控主体法定

宏观调控的目标在于一国经济总量和结构平衡、合理，从纵向关系来看，按照联邦主义的观点，这是一种中央级次的公共物品，必须由中央政府统一供给。[②] 除此之外，其他各层级的公权力主体、市场微观主体、社会团体等皆不具备宏观调控的正当性资格。易言之，宏观调控的决策权集中配置在中央政府。

---

① 李伟、陈乃新：《论宏观调控权力权利化——宏观调控权之法理学解读》，《兰州学刊》2005 年第 1 期。

② 参见平新乔《财政原理与比较财政制度》，上海三联书店、上海人民出版社 1996 年版，第 338—356 页。

从横向关系来看，并非中央政府的任一行政职能部门都具备宏观调控的主体资格，在我国，国家发展和改革委员会、财政部、国家税务总局、中国人民银行、商务部是法定的宏观调控机构。对于调控受体而言，判断一项政策引导是否由上述法定主体做出乃是决定自身是否予以遵从的基点。尽管导源于自身的利益考量，受体并不必然对法定调控主体的调控措施积极回应，但是，较之于其他公权力主体的诱致性行为，调控主体的政策选择、可以给予受体的利益承诺更具有公定力、确定力维度上的比较优势，公信力更高。

2. 调控内容法定

循法而为的宏观调控，在内容上必定切实遵循"议会保留"或者是"法律保留"原则，对于关涉公民财产权利的重大事项，必定留待国家立法机关行使专属立法权解决。例如，国家计划和中央预算，都由国家立法机关来审批决定，这本身就是在贯彻"议会保留"原则，是"法定原则"的具体体现；又比如，一国主要的货币政策或金融制度等，都应由法律加以规定，或由权力机关予以批准，这也是"法定原则"的体现。① 在严格止步于"法律保留"之权力行使边界的调控指引下，受体对于自身的重大财产安全有着更稳定的预期，能够更准确地对各项备选对策的成本—收益进行分析判断，对自身的未来前景有着更周到可行的筹划。相应地，认同感和接受程度自然更高。

3. 调控程序法定

在法治政府的语境中，宏观调控政策的出台应当有着环环

---

① 张守文：《经济法理论的重构》，人民出版社 2004 年版，第 338—339 页。

相扣、步步相续的严密程序。从咨询、协商、制定、审查、批准到公布，每一个环节都依循法定的步骤或程序，每一个参与个体都依照法定程序规定的制度角色履行职责，长官意志抑或是"拍脑袋决策"在此没有适用的空间。就货币政策的制定而言，在《中国人民银行法》和《中国人民银行货币政策委员会条例》的规则约束下，货币政策应当依托如下程序渐次展开：货币政策委员会委员在综合分析宏观经济形势的基础上，依据国家的宏观经济调控目标，就货币政策的制定和调整、一定时期内的货币总量控制目标、货币政策工具的运用、有关货币政策的重要措施、货币政策与其他宏观经济政策的协调等事项，提出货币政策议案，经出席会议的 2/3 以上委员表决通过，形成货币政策委员会建议书。在此基础上，中国人民银行形成货币政策。法定程序的严格履行本身就是一种"信号显示"（signaling）①，彰显的是调控主体对行动规则的信守，是主体对自身的主动约束。依既定程序展开的调控举措对调控受体的基本权利界域也有着更为自觉的尊重，更容易获得后者的信赖与支持。

上述诸要素对于调控受体积极回应宏观调控政策的不可或缺性已经日益得到调控主体的重视。在经济法学界，庶几达成了普适的共识，也积累了相当可观的研究成果。然而，无论是中央职能部门还是法学界，都或多或少地忽略了一个达到调控目标所无法绕过的变量：调控措施在制定阶段与执行阶段是否一致，即调控主体是否能够有效执行其已经做出的调控承诺。

① Spence, M., "Job Market Signaling", *Quarterly Journal of Economics*, Vol. 87, No. 3, 1973, pp. 355 – 374.

二 动态不一致性理论与调控
政策的可置信性

（一）凯恩斯主义下的相机抉择型宏观调控模式

适应第二次世界大战后经济萧条而兴起的凯恩斯主义认为，亚当·斯密"看不见的手"式的市场自发调节无法矫正市场机制的内生性失衡，放任自由的经济运行模式必定引致市场资源配置失灵。这种失灵——对效率状态本身的偏离，不是由外生冲击所致，而是源于市场机制自身的功能缺陷。为矫正这种对均衡状态的内生性非效率偏离，凯恩斯干预主义采取了国家力量介入的调节进路，根据经济运行不同周期的具体态势，以财政政策、货币政策等政策工具"逆经济风向而动"，通过顺势变易的政策工具之反向作用力来抵消不同经济周期的负性溢出效应，熨平经济周期，实现宏观经济运行的四大目标。由变动不居的宏观经济情势决定，凯恩斯主义强调：相机抉择而不是固守规则才能适时应对宏观经济的周期性变动，对于调控主体来说，重要的不是事先确定"行为模式—行动后果"的规则性框架，而是赋予其政策取舍的自由裁量权，确立相机抉择型的调控机制，以调控措施的周期变易性及时应对情势的变动。

在凯恩斯主义视角下，由于经济周期难以精确地预知并安排较为确定的对策，同时不同的经济周期难以进行非此即彼的截然两分，政策工具的情境变动性就不可避免——拟实施的政策即便在制定阶段看来是最优的，在执行阶段也很可能偏离政府追求的最优状态，主体因之不可能有足够的激励予以执行，导致最终为其他政策所取代而被"悬置"起来。

凯恩斯主义相机抉择的调控取向注重的是备选政策工具与经济情势间的相互匹配，较少考虑到政策工具在时间序列上的融贯一致，甚至在一定程度上为实现政策的适时性还会以牺牲其稳定性，以及附着其上的调控受体的预期稳定为代价。因此，对于凯恩斯主义来说，宏观调控领域很难实现韦伯式的可以精确预测、算度、筹划的形式理性①，由规则治理承载的、以政策工具在时间序列上的动态一致表现出来的常规性、划一性不可能成为该领域的常态，而是一种例外；与之相适应，规则治理的稳定性、可预期性优势自然也很难纳入财政政策、货币政策等具体调控安排的考虑范围之中。

（二）基于动态不一致性理论的调控追责机制

正如一项制度的实然状态是相关各方博弈的均衡产物②，主体的政策选择并非决定调控绩效的唯一变量。在调控工具是授权性规范而非强制性规范的条件下，调控主体无法借助国家强制力等惩罚机制来保证受体的行为选择与主体欲求的方向必然一致，对调控政策遵从与否将更多地来自受体对遵从或不遵从策略的成本—收益预期。因此，一项能够实现调控目标的政策工具，必须在技术、偏好、资源禀赋的约束下与受体的信念是兼容的，受体遵从调控引导所获得的收益必须大于采取不遵从

---

① 参见 Weber, Max, *Economy and Society: An Outline of Interpretative Sociology*, ed. by Guenther Roth and Claus Wittich, Berkeley, Calif.: University of California Press, 1978, pp. 1394 – 1395。

② 参见张维迎《博弈论与信息经济学》，上海三联书店、上海人民出版社 1996 年版，第 32—33 页。

策略时的可得收益，即必须满足激励相容约束。[①] 激励相容约束的满足有两个特点：首先，遵从调控的可得收益是在政策执行阶段实现；其次，主体有动力执行其已经做出的调控承诺，这一承诺是可置信的。但是，如果调控政策着眼于其他政府目标而牺牲承诺的可置信性，由主体和受体共同决定的调控绩效将呈现何种面相呢？2004 年诺贝尔经济学奖得主基德兰德和普雷斯科特的动态不一致性理论对此开放了一个崭新的思考进路。[②]

1. 动态不一致性理论——以货币政策为例

在分析模型中，基德兰德和普雷斯科特通过三大调控手段之一——货币政策来阐明动态不一致理论（同样可以很方便地推广到其他宏观调控政策分析）。博弈参与人一方是作为调控主体的中央国家机关，另一方为调控受体——企业、社会组织及普通公众等。

由货币政策职能所决定，通货膨胀率是调控的重要目标。一般地，为控制货币供应量、保持币值稳定，主体可能在货币政策制定阶段承诺将追求一个较低的通货膨胀目标。但是，主体自身目标往往多元而并非单一，币值稳定并非决定其效用函数的唯一变量，与之相关的就业问题同样可能进入其关注范围。如果主体认为在高于理想状态的自然失业率下产量太低，或者因受到选民压力不得不将产量提高以扩大就业，那么，即使在制定阶段事先承诺一个低通货膨胀率，其在政策执行阶段仍然

---

① 张维迎：《博弈论与信息经济学》，上海三联书店、上海人民出版社 1996 年版，第 275 页。

② 参见 Kydland, F. E. and E. C. Prescott, "Rules Rather than Discretion: The Inconsistency of Optimal Plans", *Journal of Political Economy*, Vol. 85, No. 3, 1977, pp. 473 – 491.

具有借助通货膨胀提高产出、推动就业，从而违背承诺的激励。如果受体相信调控主体将实行低通货膨胀率，并未预期到其有激励违背承诺，则主体违背调控承诺以提高通胀率这一出乎意料的、由菲利普斯曲线决定的"意外产出函数"就将影响实际产出，大大提高就业率。① 因此，对于侧重就业目标的主体来说，当违背调控承诺的可能性未在受体的预期之内时，在执行阶段通过违背承诺而获得的较高通胀率所对应的效用水平自然大于在制定阶段承诺保持较低通胀率所对应的效用水平。

然而，受体相信来自调控主体的低通胀率承诺并非外生给定。对作为理性博弈参与人的受体来说，主体在高、低通胀率下的效用水平大小对比关系是可以理性预期的。即使博弈开始时关于主体违诺和守诺的收益对比信息尚未进入受体的信念结构，主体本轮博弈中的违诺行为也将在下一轮博弈中调整受体的信念——"当人们的经验与其思想不相符时，他们就会改变其意识观点"②，受体完全可能预期到调控主体有违背承诺的激励。按照序贯理性③的要求，理性博弈参与人的策略选择应该是其确定预期下的最优选择，即选择必须与其预期相一致。在"政府有激励违诺"的预期支配下，显然，相信主体低通胀率的承诺且遵从调控政策引导是理性人视角中的劣策略，它不会出现在实际可观察的博弈路径上，不会成为受体的实际策略选择。

---

① 参见 Kydland, F. E. and E. C. Prescott, "Rules Rather than Discretion: The Inconsistency of Optimal Plans", *Journal of Political Economy*, Vol. 85, No. 3, 1977, pp. 473 – 491。

② ［美］道格拉斯·C. 诺斯：《经济史中的结构与变迁》，陈郁、罗华平等译，上海三联书店、上海人民出版社1994年版，第54页。

③ 序贯理性是博弈论中的一种理性形式，是指在给定行为人的预期和其他行为人的策略时，该行为人的行动是最优的。参见［美］道格拉斯·G. 拜尔、罗伯特·H. 格特纳、兰德尔·C. 皮克《法律的博弈分析》，严旭阳译，法律出版社1999年版，第356页。

主体实施通货膨胀之策略的激励不难为受体正确预期，后者的遵从策略由此处于不被启用的状态，社会实际产出将不受通胀率的影响而无法得到提高。主体一方面忍受通胀之苦，另一方面无从享受产出增加、就业扩大的收益，其调控目标有可能全线落空。有鉴于此，二氏精辟地指出：由于低通胀率的承诺不能保持时间序列上的融贯一致，不构成动态一致的政策工具，不能满足政策执行阶段的激励兼容约束，因而对受体来说是不可置信的，理性的受体自然不会采取遵从策略以形成双方的合作均衡。

2. 承诺可置信性的制度保障——法律追责机制

在上述分析理路中，主体由于其守诺和违诺之间的收益对比关系以及随之而来的激励效应，无法使得受体确立调控承诺将得到履行的正面预期而自受其苦。经济学家认为这叫作"聪明反被聪明误"，并指出欲使受体认为低通胀率是可以置信的从而对调控采取合作策略，重要的办法之一就是"实行单一的货币政策，即以法律的形式规定一个固定的货币增长率"，对之违反则由司法机制追究法律责任。"因为法律规定限制了政府行动的自由，等价于一个可信的承诺行动，政府反而可以受益。"[1]

从功能主义的进路来看，法律是一种能够确立（行为人）稳定预期的制度结构[2]，这种以确立法律责任约束来证成调控承诺之可置信性的对策为主体摆脱"承诺不可信"的困境提供了

---

[1] 张维迎：《博弈论与信息经济学》，上海三联书店、上海人民出版社1996年版，第189页。

[2] 参见［美］理查德·A. 波斯纳《法理学问题》，苏力译，中国政法大学出版社2002年版，特别是第一章。

一个有效率的途径。既然主体是通过比较守诺和违诺的不同收益来决定策略选择，如果能将实体性的法律追责机制引入调控博弈，对主体的违诺行为予以课责以减少违诺收益，以至于违背承诺的收益将远远低于履行承诺收益，从而导致主体选取守诺策略而不是其他策略时效用水平总是更高，主体就没有偏离守诺策略的激励。如果能够满足赫尔维茨强调的"可实施的"要件①，那么，改变主体守诺和违诺之间的收益对比关系的法律追责机制就成为受体从外部可以观察的、主体将信守承诺的制度保障装置，其确立和有效运转将引导受体对调控政策积极回应，进而使之在"承诺不可置信"的预期支配下与主体间形成的非合作纳什均衡格局被打破，博弈格局将收敛于（信守调控承诺，遵从调控指引）的合作型效率均衡点，调控的预期目标得以实现。在基德兰德和普雷斯科特理论成果的基础上，下文将用两个简要的博弈模型展示调控承诺从难以置信向可以置信转化的内在机理。

在宏观调控博弈中，调控主体和调控受体分别为博弈参与方，前者的策略选择集合是（信守调控承诺，违背调控承诺），后者的策略选择集合是（遵从调控指引，不遵从调控指引）。就调控受体而言，其战略是"如果调控主体信守承诺则遵从调控指引"以及"如果调控主体违背承诺则不遵从调控指引"。

图 1 - 1 的博弈模型揭示的是没有法律追责机制对调控主体违背承诺的行为予以课责之时的博弈过程。如果主体信守调控

① 参见 Hurwicz, L. , "Institutions as Families of Game Forms", *Japanese Economic Review*, Vol. 47, No. 2, 1996, pp. 113 - 132。

承诺、受体遵从调控指引，双方得以成就一个"双赢"局面：各得 a 元（$a>0$），前者实现调控目标，后者获得合作策略带来的增量收益。如果主体不信守调控承诺而受体遵从调控指引，则前者实现预期目标，并且获得高于信守调控承诺收益的（$a+b$）元（$a>0$ 且 $b>0$，因此 $a+b>a$），后者失去倘若调控承诺兑现之时本应获得的增量收益，损失 a 元即收益为 $-a$ 元。如果受体不遵从调控指引，那么无论主体采取何种策略，预期的调控目标皆无从实现，双方的收益为 0 元。

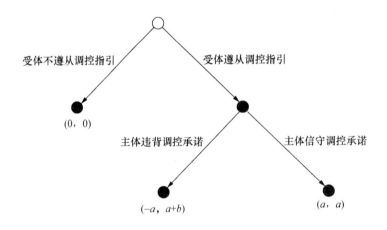

图 1—1　没有法律追责机制的调控博弈

注：括号内的前一数值为受体收益，后一数值为主体收益。

尽管双方的合作行动能够极大地改善各自的收益状况而无任何一方受损，由此达到经济学上所追求的"帕累托最优"状态[①]，但是，只要各方按照自身利益最大化的逻辑行事，"双

[①]　余永定、张宇燕等：《西方经济学》，中国社会科学出版社 1999 年版，第 209 页。

赢"的最优局面就难以出现。博弈的参与人理性意味着在不同的备选策略之间，参与人总是偏好能够带来收益更高的策略，可以想见，当不存在法律追责机制之时，违背承诺的收益（$a+b$）元高于遵守承诺的收益 a 元，主体将不可能有充分的激励来信守已经做出的调控承诺。而如果这一点不难被理性的调控受体所预期，受体的最优应对就是不遵从调控指引，因为此时遵从调控的收益 $-a(a>0$，所以 $-a<0$）元要低于不遵从调控的收益 0 元。循此，最终的博弈均衡格局为（违背调控承诺，不遵从调控指引），调控目标落空。

在存在法律追责机制的情境下，上述的博弈均衡格局将会被改写——法律追责机制可以在调控主体与调控受体之间成就一个合作均衡。法律追责机制的设定使得违背调控承诺的收益低于信守调控承诺的收益，进而改变了调控主体违背承诺的激励，并将图 1－1 所示的非合作博弈过程转化成图 1－2 所示的合作博弈过程。

如图 1－2 所示，在调控博弈中追加法律追责机制后，调控主体违背承诺将招致（$a+b$）元的赔偿成本或恢复原状成本，即收益为［$-(a+b)$］元，远远低于信守承诺时能够获得的 a 元收益。这时，在调控主体看来，信守承诺较之于违背承诺更为理性，信守承诺将会成为其实际选择的博弈策略。对于能够理性计算调控主体备选策略的成本和收益对比关系的调控受体来说，满足赫尔维茨所说的"可实施性"要件的法律追责机制相当于一种可以置信的承诺担保机制，基于违背承诺在法律追责机制作用下的收益减损，违背承诺将不会成为主体实际选择的博弈策略。因此，受体可以较为准确预知，面对主体的信守承诺，其最优回应是遵从调控指引（因为此时遵从调控指引的收益 a 元要高于不遵从调控指引的收益 0 元），从而使得双方的实际行动选择收敛于（信守调控承诺，遵从调控指引）的博弈均衡格局上。

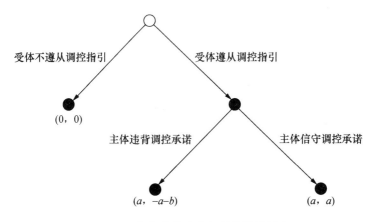

图 1 – 2　存在法律追责机制的调控博弈

注：括号内的前一数值为受体收益，后一数值为主体收益。

从以上的模型化推演过程可以看出，法律追责机制是一种极为重要的博弈参数，它"使得当事人能在相互作用时调整特定战略组合下的收益状况，同时确保双方当事人选取那些对他们互利的战略"①，它为将一个只符合个体理性但有悖于集体理性的次优博弈均衡转化为符合个体、集体双重理性的最优博弈均衡提供了一个有力的杠杆。

基于常规的法学视角，学界往往认为宏观调控行为可诉性弱，因此，通过司法机制对调控主体课以信赖利益赔偿、恢复

---

① ［美］道格拉斯·G. 拜尔、罗伯特·H. 格特纳、兰德尔·C. 皮克：《法律的博弈分析》，严旭阳译，法律出版社 1999 年版，第 58 页。

原状等法律责任不可行，至多只能对直接责任人员追究行政责任，或者是设定调控主体的政治责任和程序责任。其实，由于我国行政权能的强势地位以及行政系统内部监督制约的弱化，直接责任人员的行政责任承担容易虚化，难以形成对调控主体的有效约束；更重要的是，仅仅是个别人员行政责任的承担而非调控主体自身的责任负担对于调控主体来说并不能改变其违背调控承诺的成本—收益关系。此外，对于受损害的调控受体来说并没有实现真正的救济，其不利益的状态并没有在实质上得到符合公平正义的校正，因此其仍然难以建立对调控政策的信赖预期，实现上文所描述的合作博弈过程。而政治责任容易造成社会形式波动，不宜作为常规的责任形式；程序责任倘若没有由司法机制支撑的实体性法律责任追究作为制度保障，也避免不了流于"纸面法"的命运。对此，如果能够对宏观调控行为按照决策—执行进行细致的界分，并依据宏观调控的内在规定性对责任构成要件做出科学的设定，使之既能满足司法机制的"可操作"要求，又能适应宏观经济走势的变动，调控主体的法律责任追究就不会因为"调控行为可诉性弱"的传统认知而被认放逐于可行范围之外，这对改变学界对宏观调控法甚至经济法的司法适用之看法都将有所助益。

3. 宏观调控法律责任追究的适用范围界定

在宏观调控中引入法律责任追究机制，这一构想为该领域施行"规则之治"迈开了弥为难得的第一步。但是，如果仅仅指出法律责任追究的必要性，对法律责任的所指与能指、法律责任的适用边界没有准确的定位，那么，囿于普适性法理与既有的法律责任规范执行技术，应然层面可欲的制度安排很可能在实然层面无法实施。为此，下文将对宏观调控中的法律责任追究从上述若干维度进行较为细致的界定。

首先，在民主合意原则的限定下，宏观调控的法律责任追究不指向由全国人大或者全国人大常委会审批通过的宏观调控政策制定。基于专业分工和技术的比较优势，我国各个五年计划期的国民经济与社会发展纲要、每一年度的国家预算方案都由发改委、财政部等相应专业职能部门编制；同时，由于国民经济与社会发展计划关涉国家经济发展与安全，关涉全社会的公共利益，而国家年度预算又关涉公民的基本财产权利，按照民主制的内在要求，其必须经由全体公民的法定代表——全国人大及其常务委员会审批通过。可以说，发展纲要、国家年度预算等是诸多利益团体多元博弈的产物，是不同的利益诉求凭借民主沟通程序得以相互碰撞、融合，最终形成合意的产物，体现了哈贝马斯所说的民主社会特有的"沟通理性"。以托克维尔式的权力在不同国家机构之间的配置原则来看，按委任方式组成的司法部门是不能拥有审查由代议机关议决的、作为民主合意的决策结果的[①]，由法律责任追究引起的司法权力的介入或曰干预不啻是一种公权力分布的失衡，也是一种对民主合意的缺乏义理正当性（legitimacy）的扰动。

其次，在专业分工原理的限定下，宏观调控法律责任追究不指向发改委、财政部、中国人民银行等职能部门的宏观决策结果。宏观调控决策活动面对的是错综复杂的国内外经济走势，

---

① 参见［美］小詹姆斯·R. 斯托纳《普通法与自由主义理论》，姚中秋译，北京大学出版社 2005 年版，第 3 页。

从经济发展速度、就业率、通货膨胀水平，直至经济总量平衡、区域经济平衡，都涉及诸多必须经由专业训练方可正确解码的专业知识，属于知识密集型的专业活动。相关知识具有较高的进入壁垒，一般而言，非职业工作者很难仅仅凭借既有的社会体验、个体阅读来弥补其认知盲点，因此，宏观调控是一个必须推行"职业主义"① 的场域，也是一个不得不推行知识精英主义的场域。相应地，发改委、财政部、中国人民银行等既有足够的智识支持，又有足够的专业经验积淀，将诸多的宏观调控决策权能配置给这类职能部门是符合知识分工之逻辑的。相形之下，无论是需要系统训练方可获致的编码化知识，还是在职业实践中通过"干中学"（learning by doing）积累起来的意会性知识，专司法律责任追究或配置的司法部门都不是有效率的解码者，比较制度能力与制度角色② 决定了由其实施的、指向专业职能部门调控决策的法律责任追究并非实然层面的"可实施"的有效行动。

概言之，本书意指的宏观调控法律责任追究严格限定于调控主体在政策执行阶段非有法定变更事由而肆意违背调控承诺的行为，这类行为专属于调控政策的非合法执行行为，包括权力机关、专业行政职能部门在内的调控主体的决策行为均排除在外。如此制度构想安排不仅仅着眼于实施技术上的可行，同

---

　　① 参见［美］理查德·A. 波斯纳《超越法律》，苏力译，中国政法大学出版社2001年版，第67页。

　　② 吴元元：《双重结构下的激励效应、信息异化与制度安排》，《制度经济学研究》2006年第2期。

时更可以与宏观调控决策权的诸种法律属性——国家行为不可诉①——相兼容，不至于在其他邻近的法律部门引致过多的颠覆效应，有利于宏观调控的法治化努力与相关部门法的平稳对接，有利于基本法理体系的和谐与稳定。

特别需要指出的是，如何真正在操作层面对专属于执行行为的调控承诺非正当性变更进行法律责任追究，还需要进一步细分。宏观调控是一种事关国计民生的特殊公共物品，对社会整体经济安全和受体的重大财产权利都有着非同寻常的影响。因此，如欲真正在这一领域循法而行，实现"规则之治"，保证受体合法权利或利益不受强大的调控权力之侵害，则必须落实"调控法定原则"——包括预算法定原则、税收法定原则、国债法定原则、货币法定原则等，对宏观调控的基本结构规定具有较高稳定性的核心实体和程序规范。按照"核心规范"②做出的调控承诺，在执行阶段非有法定的重大情势或不可抗力，不得变更。具体而言，部门经济法中稳定程度较高的计划、预算、国债、产业政策等多可设定"核心规范"。

由宏观调控的内生性周期变易所决定，在该领域的规则设计中也必须充分观照到内生的变动因素，赋予调控主体适当合度的自由裁量权，在稳定性较高的核心制度外围设定具有一定灵活弹性的"变量规范"③，应对调控过程中种种难以预期的不确定情形。按照此类"变量规范"做出的调控承诺，因其本身

---

① 胡锦光：《论国家行为》，载陈光中主编《诉讼法论丛》（第 2 卷），法律出版社 1998 年版。

② 张守文：《经济法理论的重构》，人民出版社 2004 年版，第 491 页。

③ 同上书，第 492 页。

即为应对经济情势波动变易而生，所以调控主体对其是否在执行阶段予以变更享有充分的自由裁量权。对于变动性较强的宏观经济参数，诸如利率、税率、汇率等则多可设定"变量规范"。附着于"变量规范"的调控措施仍然要受到法定主义的程序性制约。其变更须经有权机关同意或批准，另外还必须通过行政规章、各新闻媒体等履行公告义务，确保调控受体的知情权，便于其根据调控措施的变易及时调整自己的决策安排。如果依"变量规范"做出的调控承诺在执行阶段按照法定程序做出变更，调控主体不需要承担违诺责任；如果在并非形势紧急的情况下，调控主体无视法定程序肆意变更以"变量规范"体现的调控承诺并造成重大社会后果（比如，政府信誉严重减损或相关市场严重震荡），采取事后程序补正、追究个人行政责任等方式仍不足以恢复受体信任，则应当经由调控受体提起诉讼，以司法机制从外部追究调控主体的法律责任。

三　宏观调控违诺责任追究的效率意义与法治意义

由于受到宏观经济走势周期性变易的影响，人们往往容易将之与相机治理相联系，忽略了宏观调控中"规则之治"对稳定受体预期、提升调控效率的构成性作用，更忽略了在该领域实施"规则之治"折射出来的经济法治意义。

在调控主体—调控受体的二元博弈结构中，倘若处于优势地位的调控主体之调控措施可以为受体所稳定预期，那么这里就有一种韦伯式的形式理性支配着双方的互动关系。以现代资本主义经济的"可预测"为着眼点，韦伯论证了形式理性对于合理安排、筹划投资、生产、销售以至生活的必要性：

　　现代资本主义的事业主要基于算度，并以这样的一个法律和行政制度为前提，即这一制度的运作，至少在原则上，可能通过其确定的一般原则而加以理性地预测，就像对机器的运作那样。现代资本主义的事业不能接受……法官按照衡平观念或其他昔日普遍存在的并在东方社会仍然存在的非理性的方法来决定具体案件。①

同时，韦伯明确指出：

　　一般的法的理性化和系统化以及……个别案件中法律运作的日益增长的可算度性，构成了资本主义事业存在的最重要的条件之一。如果没有这样的法律保障，资本主义的事业是不可能进行的。②

　　那么，究竟何为形式理性？它在宏观调控法治建构的进程中又是依托何种制度安排得以显现？这里，我们可以借助法理学中"规则"（rule）与"标准"（standard）的两分法来对上述

---

　　① Weber, Max, *Economy and Society: An Outline of Interpretative Sociology*, ed. by Guenther Roth and Claus Wittich, Berkeley, Calif.: University of California Press, 1978, pp. 1394 – 1395.

　　② Ibid., p. 853.

问题给出回答。按照英美法理学的界定，规则是通过对确定的事实状态明确赋予相应法律后果来实现对行为的指引和规制的一种规范。作为一项明确的行动指南，规则具有以下特征。

首先，规则具有三段论的大前提形式，是进行三段论演绎推理的基础。① 三段论推理的一个经典例子是：所有的人会死；苏格拉底是人；所以苏格拉底会死。在这里，"所有的人会死"的判断是从人类自身发展的经验事实中抽象出来的一般性规律，是大前提，然后以之为基础，结合考虑"苏格拉底是人"这一具体情境下的判断，推导出把"苏格拉底"嵌入"所有的人会死"这一规定中将会发生的后果。法律实践中常见的例子是：没有约因，合同不可强制执行；本诉讼的合同没有约因；本合同不可强制执行。② 与"所有的人会死"相对应，这里"没有约因，合同不可强制执行"是法律三段论推理的起点，在法律规范分类上属于规则。

其次，规则的概括程度较高，运用规则的信息费用较低。概括程度的高低是衡量法律规范类别归属的一个基本维度。规范的概括程度越高，不确定因素越少，那么在由规则和标准构成的频谱上则越靠近前者。比如，侵权法中关于事故伤害的严格责任规定——"依据严格责任制，只要伤害者造成了事故，他就要负责，而要确定事故是否是他造成的，这一点通常比较直截了当。"③ 在这里，严格责任制度的规定是高度清晰、概括

---

① 参见［美］理查德·A. 波斯纳《法理学问题》，苏力译，中国政法大学出版社2002年版，第54—55页。

② 同上书，第54页。

③ 同上书，第56页。

的，作为外部裁判者的法官无须全面、仔细地探究引发伤害者在事实行为之时的主观心理状态，只要有可以为外部清楚观察到的、外显（explicit）的损害结果，就可以在行为人与损害后果之间确立法律意义上的因果关系。易言之，裁判者无须承担由沉重的调查、考证和判断任务引致的信息费用即可顺利完成侵权法律责任的配置任务。所以，对于过错与否在所不问的严格责任制度属于上述分类中的规则。

与规则相反，标准往往并不以明确的行为守则的形式出现，弹性、模糊性和适应性决定了标准有别于规则的基本特征。

概言之，标准需要对事实进行相对广泛的调查才能确立其小前提，相应的信息费用较高。由于标准将社会生活中的诸多变项都纳入考量视域，因此其通常并不明确确定行为模式和法律后果，而是以充满弹性的原则、导则形式赋予裁判者广泛的自由裁量权，以此得到可欲的裁判结果；相应地，对标准的应用则需要相当数量的关涉当下的、情境化的"地方性知识"，信息费用较高。比如，对于侵权法中的过失责任制度，"伤害者只有在他只要适当注意就可以避免这一事故时才承担法律责任。然而，即使非常精确地界定'适当注意'，例如，把它界定为防范事故的成本低于本可避免的事故之预期损失，法律也许还是难以确定这一法律责任的前提条件是否成立"[1]，因此，侵权法中的过失责任制度属于规则—标准二

① ［美］理查德·A. 波斯纳：《法理学问题》，苏力译，中国政法大学出版社2002年版，第56页。

分法中的后者。

由于规则具有从外部可以清楚观察的"行为模式—行为后果"，因此，无须考量规则以外的裁量性因素，从外观形式上即可预测、推知按照规则指引行事之时将会出现的结果。尽管规则与实质正义之间可能会有一定的紧张关系，但是，就互动关系的可预测性、可把握性而言，较之更多考虑边际情势变易的标准，规则往往是更可欲的。

法理学意义上的"规则"与"标准"的二元界分落实到宏观调控领域，则体现为在时间序列上融贯一致的调控措施（除非存在法定的重大情势变更或不可抗力）与时间序列上前后不一的调控措施的对比，前者相当于更为刚性、更可预测的"规则"，而后者对应于弹性较大、不确定因素较多的"标准"。在法律追责机制的约束下，调控措施得以在不同时段上保持连贯统一，以其在决策阶段与执行阶段的一致性有效地稳定着调控受体的理性预期，避免了调控措施非因重大的"不得已"情势而随意变更，"软化"成充满变数、难以为受体信任的"标准"。

除了获致调控受体的合作式回应以实现调控的预期目标，调控主体信守调控承诺、保持调控措施在时间序列上的融贯一致具有更为深远的制度意义——它可以成为经济法治建设的一个重要发轫点。

公共选择理论的研究成果表明，政府不是一个抽象的实体，不是超个人的决策机构，这种机构是不能与个人相分离的，集体行动是由许多独立的个人行动所组成的。要论证政府的决策过程，必须分析参加这些决策过程的个人的行为。① 易言之，政府决策并非是由超脱的、无面目的集合体做出的，它必定是依循个体主义进路，落实到作为其成员的具有成本—收益分析之个体理性的各级官员身上，后者才是政府决策权力的实际行使者。② 作为公权力的一种重要形式，宏观调控权亦不例外。

当我们把分析视角从经济场域转换到政治场域，追求自身利益最大化的"经济人"范式对于行使宏观调控权的官员仍然是适用的，同样的个体不会因为仅仅身处不同的场域而采取两套截然相反的行动逻辑，不会将实现调控目标作为自己的唯一追求，个人利益追求仍然有可能混杂其中，甚至取代负载着社会整体利益、福利的宏观调控目标。霍布斯的"利维坦"人性设定认为，授予政府的任何权力，都有可能在某些范围和场合下偏离公民的欲求，也就是说，个人在公共选择和私人选择中有着相同的动机。③ 在转型中国的语境下，由于现存的能动型政府政治模式④，我国经济运行过程中相当一部分的宏观调控权力是由相关中央政府职能部门行使的，这一点从发改委、财政部、中国人民银行等频频出台并执行调控政策即可见一斑；而且，基于专业知识以及技术维度的比较优势，上述职能部门还经常

---

① 方福前：《公共选择理论——政治的经济学》，中国人民大学出版社 2001 年版，第 18 页。另参见〔美〕丹尼斯·C. 穆勒《公共选择理论》，杨春学、李绍荣译，中国社会科学出版社 1999 年版。

② 吴元元：《双重结构下的激励效应、信息异化与制度安排》，《制度经济学研究》2006 年第 2 期。

③ 参见〔澳〕布伦南、〔美〕布坎南《宪政经济学》，冯克利、秋风等译，中国社会科学出版社 2004 年版，第 6—7 页。

④ 参见杨瑞龙、杨其静《阶梯式的渐进制度变迁模型》，《经济研究》2000 年第 3 期。

借助起草调控文件的方式行使着本应由全国人大或全国人大常委会行使的调控权力。按照霍布斯的"利维坦"人性设定，如此密集的权力配置倘若没有必要的刚性规则约束，不啻是为具有自利本能的行权者滥权、利益集团寻租洞开了方便之门。

偏离法律规则约束的宏观调控权力运行不仅容易导致调控目标落空，更是对法治建设的一种嘲弄、一种颠覆。法治的精义在于，无论何种公权力，都应该在法律规则的边界内展开，因此，在这个意义上，宏观调控应当是富勒意指的"服从规则治理的有目的的事业"。① 作为宏观调控领域落实"规则之治"的一种体现，调控主体信守承诺，确保调控政策在时间序列上的融贯一致，证成的恰恰正是包括中央调控职能部门在内的公权力主体讲求信用、讲求公信力的良好公众形象，是调控主体注重从自身做起，以最容易滥权之领域的自我规则约束为着力点推进法治建设的努力，因为，"正是合宪政府的这一原则要求人们假设，掌权者为了达到自己的特殊目的，会滥用政治权力；不是因为事情一贯如此，而是因为这是事物的自然趋势，自由制度的特殊功用便是对它加以防范"。②

---

① 强世功：《法律的现代性剧场：哈特与富勒论战》，法律出版社 2006 年版，第 52 页。

② ［澳］布伦南、［美］布坎南：《宪政经济学》，冯克利、秋风等译，中国社会科学出版社 2004 年版，第 16 页。

第二章　作为调控受体预期稳定之建构进路的信赖利益保护

　　在宏观调控领域确立违背调控承诺的法律追责机制是稳定受体预期的一个框架性思路。在制度设计中，可以从如下具体进路切入，建立系统的信赖利益保护机制，全面稳定调控受体的信赖预期。其一，强化调控承诺执行程序，在前后相续、环环相扣的流程展开中保持调控承诺的首尾一致并置于公众的事前监督之下，以法定的程式、步骤、顺序约束确保调控承诺不会被肆意变更，以程序的细致安排保护调控受体的信赖利益。其二，明确把受体基于信任调控承诺、积极回应调控而遭受的直接损失确定为需要保护的信赖利益，通过归责原则、责任构成要件的安排使得违背调控承诺的收益与主体相分离。借助恢复原状、损害赔偿等法律责任承担确立存续保护、赔偿保护两种方式，在维护受体信赖利益的同时，为主体的违诺行为设立一个支付起来不经济即净收益为负值的新价格，激励其绕开违诺策略，将选择稳定在"遵守承诺"这一行动路径上。从性质上看，第一种进路属于程序性保护，第二种进路属于实体性保护；从发挥作用的先后顺序来看，第一种进路属于预防性保护，第二种进路更多地属于救济性保护，尽管在操作意义上后者是借助事后追责来达致对受体的预期稳定目标，但是，如果着眼于存续保护、赔偿保护对于调控主体事先具备的"不违诺"的激励效应，第二种进路亦是一种广义上的预防性保护，可以起到"防患于未然"的积极作用。

导源于学界对经济法可诉性较弱的传统判定或曰"前见"，并且事先的法定程序安排如果没有事后的司法追责机制作为威慑，亦很容易流于空谈，本书把分析的视角聚焦在信赖利益的实体性救济上，以期能够借助英国诗人布莱克笔下"一滴水见海洋、一粒沙见天堂"式的见微知著，对经济法责任的归责基础、归责原则、责任构成要件、责任追究的司法运作机制有所裨益和启发。

一 微观缔约活动的信赖利益保护及其传统私法功能

微观契约缔结活动是信赖利益保护的发源地，同时也是信赖利益保护适用较为广泛的领域。在市场主体间的缔结契约过程中，缔约各方彼此相互负有的通知、说明、照顾、协助和保护等责任被法律设定为先契约义务，任何一方违反此类法定义务，导致意欲缔结的合同不成立、无效或者被撤销，从而造成因合理信赖合同将有效成立的相对方损失，需要承担相应的信赖损害赔偿，以填补无过错的信赖一方的费用支出，维护正常的交易流转秩序。

（一）微观缔约活动中的信赖利益保护理论与适用

信赖利益保护肇源于民法上缔约过失责任问题。缔约过失责任的提出，通说认为当归功于德国法学家耶林《缔约上过失、契约无效与未臻完全时之损害赔偿》一文。耶林在文中指出："从事缔结契约的人，是从契约交易外的消极义务范畴，步入契约接触中的积极义务范畴，其因此而承担的首要义务，系于缔约时需善尽必要的注意。法律所保护的，并非仅是一个业已存在的契约关系，正在发生中的契约关系亦应包括在内，否则，契约交易将暴露于外，不受保护，缔约一方当事人不免成为他方疏忽或不注意的牺牲品！契约的缔结产生了一种履行义务，若此种效力因法律上的障碍而被排除时，则会产生一种损害赔偿义务。因此，所谓契约无效者，仅指不发生履行效力，非谓不发生任何效力。简言之，当事人因自己的过失致使契约不成立者，对信其契约为有效成立的相对人，应赔偿基于此信赖而生的损害。"[1] 耶林关于缔约过失责任理论的提出，在相当程度上填补了缔约活动开始、契约有效成立之前各方当事人基于合理信赖的利益保护之真空，被誉为是"法学上伟大的发现""现代契约法的肇始"。[2] 特别是对于较为成熟、抽象理论体系业已颇为完备的契约法而言，更凸显出库恩意义上的研究范式突变的革命性意蕴。但是，也正是源于其作为"东风第一枝"的创新角色，上述理论的失足之处也是明显的。

首先，耶林的缔约过失责任及附着其上的信赖利益保护仅

---

① 王泽鉴：《民法学说与判例研究》（第一册），台湾三民书局 1980 年版，第 79 页。

② 傅静坤：《二十世纪契约法》，法律出版社 1997 年版，第 24 页。

仅适用于契约不成立的情境，而实际缔约过程中需要予以信赖利益保护的情形还包括契约无效、被撤销等。

其次，耶林所设定契约过失责任的学理基石仍在于当事人之间的契约，无论是契约关系已经存在还是正在发生之中。而如果此时契约无效、被撤销，则无法成为责任追究的现实基础。

再次，耶林提出的缔约过失责任将责任追究的主观状态限定为"过失"，不包括"故意"。其实，"故意"是实然状态下引发缔约赔偿责任的常见因子，如将其排除在外，则由"故意"导致的缔约损害赔偿进而使得信赖利益保护有遗漏、不周之虞。

继耶林之后，经过一系列判例、学说的发展完善，缔约过失责任理论日臻成熟，形成了"缔约过失责任是在合同缔约过程中，一方当事人未尽交易上必要的注意，致使合同不能成立、无效或被撤销，对相信该合同为有效成立的相对人遭受的损失应负的损害赔偿责任"① 之共识，由此扩大了缔约各方的注意义务范围，使处于契约尚未生效的缔约前置阶段的参与人之合理利益也能纳入法律保护范围。

其一，缔约过失责任适用于契约不成立、无效或者被撤销的场合，覆盖了缔约过程中由过错行为引发的各种契约落空情形，对当事人的信赖利益保护更为周全。

其二，缔约过失责任违反的是先契约义务。先契约义务主要包括但不限于协助、保护、照顾、通知和保密等义务。即使上述义务没有当事人之间的约定，也无法排除其强制适用，这

---

① 潘瑞才：《缔约上过失责任制度研究》，载何勤华、戴永盛主编《民商法新论》，复旦大学出版社 1999 年版，第 134 页。

是一类法定义务。

其三，缔约过失责任是一种损害赔偿责任。不同于违约责任可以采取的实际履行等责任形式，也不同于侵权责任可以采取的消除影响、赔礼道歉等责任形式，缔约过失责任的归责基础在于当事人因信赖契约生效而支出的费用或曰成本，目的在于对当事人因信赖而导致的实际损害的填补。

其四，引发缔约过失责任的主观状态还应包括"故意"，这种"知其不可而为之"的希望、放任的心理态势常常更多地引发缔约过程中的诚实信用问题，将之作为缔约责任追究的构成要素，更有利于弥合信赖利益保护不周的罅隙。在这个意义上，"缔约过失责任"宜改为囊括"故意""过失"的缔约过错责任方更为准确。

缔约过失责任的提出，其理论创新意义自不待言；而其在微观缔约活动中的实务应用，则将理论价值从应然转变为实然，有效地拓展了缔约当事人的利益保护范围，进一步坐实了诚信原则作为民商事活动"帝王条款"的地位，有力地强化了当事人的诚实交易之内在激励。在大陆法系，缔约过失责任庶几成为普适性的法定义务——1900 年《德国民法典》第 122 条规定：（1）意思表示根据第 118 条的规定无效或者根据第 119 条和第 120 条的规定撤销时，如果该意思表示系应向另一方做出，表意人应赔偿另一方，其他情况下为赔偿第三人因相信其意思表示为有效而受到损害，但赔偿数额不得超过另一方或者第三人于意思表示有效时所受利益的数额；（2）如果受害人明知或者过失不知（可知）意思表示无效或者撤销的原因，表意人不负损害赔偿责任。1940 年颁布的《希腊民法典》第 197 条规定：从事缔结契约磋商行为之际，当事人应负遵循以诚实信用及交易惯例所要求的行为义务；第 198 条规定：于为缔结契约磋商行为之际，因过失致相对人损害时，应负损害赔偿责任，纵契约未成立亦然。1942 年《意大利民法典》第 1338 条规定：知道或者应当知道契约无效原因存在的一方没有将其通知另一方，则该方要为此就对方基于信赖、没有过错而遭受的损失承担赔偿责任；第 1398 条规定：无权代理人或者超越代理权限缔结契约的人，要对缔约第三人因相信契约效力而没有过错所遭受的损失承担责任；第 1440 条规定：如果诈欺不是能够导致合意形成的诈欺，即尽管没有诈欺，该契约会根据不同的条件缔结，但是契约有效；不过，恶意缔约人要承担损害赔偿责任。[①]

在英美法系，美国法学家富勒在《合同损害赔偿中的信赖利益》一文中提出的缔约过程信赖利益保护也得到了法律的认可。典型的如美国《第二次合同法重述》第 161 条 b 项的规定：缔结契约时，一方当事人对有关作为契约基本前提的事由产生错误，而另一方当事人明知该错误可通过自己公开事实真相而得以订正，且不公开事实真相，就等于没有遵守诚信原则及交易公正的合理准则而行为的场合。[②] 通过错误、胁迫、不正当影响、不正确说明、默示条款等制度安排，英美法系虽然没有采用"缔约过失责任"的名词指称，但是基于英美法上的"允诺禁反言"原则，同样成功地实现了缔约过程中无过错一方的信赖利益保护。

[①]　王培韧：《缔约过失责任研究》，人民法院出版社 2004 年版，第 13—14 页。
[②]　同上书，第 24 页。

（二）微观缔约活动中信赖利益保护的既有功能

1. 损害填补功能①

尽管缔约过失责任的提出对大陆法系契约合意理论、英美法系契约对价理论产生强大的冲击，在相当程度上改变了无对价即无契约、无契约即无责任的传统契约理论，但是，在缔约过失责任的归责基础定位上仍然新意不多。不少观点认为，其最终目的在于赔偿缔约一方在相信对方将履行承诺基础上而生成的信赖利益，使之恢复到尚未进入缔约磋商阶段的利益原初状态，以此改变有悖公平正义的信赖一方受损、违诺一方收益的利益不对称格局，实现亚里士多德追求的两种正义之一——校正正义。②

在亚里士多德那里，"究竟是好人欺骗了坏人还是坏人欺骗了好人，这无关紧要，……法律所关注的只是伤害本身的特点，并将双方视作同等，是否一方不公（the wrong）而另一方受到了不公，是否一方造成了伤害而另一方受到了伤害"，重要的是，"法官应试图使得事情平等，并剥夺伤害者的获利。……也就是这个原因，法官的行为被称为公正，因为该行为被划分为两部分，而法官就是进行划分的人……因此，这种公正……是

---

① 损害填补功能既可以由损害补偿，也可以由损害赔偿来完成。一般地，前者并无义理或法律责难的意味，而后者具有义理或法律否定性评价的意蕴。需要指出的是，赔偿并不必然意味着支付的额度高于损害本身，如果支付的额度高于损害本身，则是"惩罚性赔偿"（punitive damage），不是一般意义上的赔偿。从广义上看，恢复原状亦是损害填补的手段之一。参见张新宝《中国侵权行为法》，中国社会科学出版社1995年版，第107—108页。

② 参见［古希腊］亚里士多德《尼各马可伦理学》，廖申白译，商务印书馆2001年版，第235—236页。

由交易发生前后的等量构成的"。① 法官如此，包括立法、执法、司法的法律系统亦然，在校正正义的理念支配下，无论各方主体如何展开博弈互动，施害者（广义）的获利必须被剥夺，受害者（广义）的损害或损失必须得到弥补，以便使得双方的获利—损失或损害构成等量关系，双方的福利状况恢复到不公（the wrong）未曾发生的原初水平。按照乔奇姆的论证，"法律所关心的一切就是眼前的这两人，一方获得了不公正的利益，而另一方受到了不公正的损失。因此，这里存在着不公，需要补救，有一种不平等，必须予以平等化"。②

微观缔约过程中信赖利益保护的损害填补功能充分彰显了亚里士多德意义上的校正正义。从保护目的来看，信赖利益保护以恢复当事人尚未进入缔约磋商阶段的利益原初状态为依归。按照大陆法系的传统契约法理，缔约属于前合同阶段，此时基于双方合意的合同尚未有效成立，即使在此期间一方对另一方实施不公行为、产生损害事实，且另一方对此并无过错，但是源于追责基础——有效成立之合同的阙如，无法追究过错一方的法律责任，无合同即无责任；按照英美法系的契约对价理论，约因（consideration）是契约得以有效成立的支撑性因子。当一方当事人向另一方发出要约，对方能够提供某种回报，这种回报使得双方之间建立起法律认可的交易关系，双方即进入为有效契约所约束的权利—义务界域。易言之，"如果要约人从交易

① ［美］理查德·A. 波斯纳：《法理学问题》，苏力译，中国政法大学出版社2002年版，第392—393页。
② 同上书，第393—394页。

中获益，那么这种获益就是其做出允诺的充分约因"。① 一旦约
因缺位，双方当事人之间基于有效契约的"法锁"或"法律上
的锁链"② 约束将无以为凭，无法成立，从而形成无法规制缔约
不公行为的"飞地"。但是，校正正义之下不允许存在"损害
没有救济、不公没有校正"的"三不管"地带，为了使当事人
双方的交易博弈形成等量关系，消弭一方受损一方不当获利的
不对称格局，实践中的现实需要推动了古典契约法理论的重大
变迁——即使合同尚未有效成立，没有作为有效契约之支撑的
约因，只要双方在缔约过程中出现了非正当的利益不均衡，就
存在缔约过失责任的追究。

从保护范围来看，信赖利益保护同样凸显了损害填补的校
正正义理念。在契约缔结、成立、履行等不同阶段，存在着不
同属性的法益，分别属于不同责任机制的保护界域。缔约过失
责任的设定和追究意在改变缔约活动中的非正当利益格局，而
非整个契约过程中的所有不公行为，因此，尽管大陆法系契约
法保护的利益既有履行利益——合同生效后，一方当事人可以
从对方履行合同中所获得的利益，也有信赖利益——一方当事
人合乎情理地信赖合同将有效成立，但是由于对方当事人的故
意或过失导致合同不成立、无效或被撤销，信赖合同成立一方
为此遭受的直接损失或不利益，英美法系契约法保护的利益既
有期待利益——一方倘若履行承诺，另一方将会获得的利润，
也有信赖利益——一方当事人基于对另一方允诺的信赖而改变

---

① ［美］格兰特·吉莫尔：《契约的死亡》，曹士兵、姚建宗、吴巍译，载梁慧星主
编《为权利而斗争》，中国法制出版社 2000 年版，第 66 页。

② 周枏：《罗马法原论》（下册），商务印书馆 1994 年版，第 677 页。

了自己的经济地位，当另一方违背其诺言时，为使信赖方恢复到原来的经济地位而赋予该方的权益[①]，但通说和法律实践均认为，缔约过失责任的法益保护范围应限定在信赖一方因为合理信赖而支出的费用或损失，即两大法系所指称的信赖利益。这类费用或损失包括以下项目：（1）缔约费用，包括邮电费用、赴订约地或察看标的物所支出的合理费用；（2）准备履行所支出的费用，包括为运送标的物或受领对方给付所支出的合理费用。[②] 而信赖一方因合理信赖丧失与第三人订立合同之机会所导致的利益丧失，合同若有效成立的履行利益等则被排除在外。如此一来，"基于对被告之允诺的信赖，原告改变了他的处境……我们可判给原告损害赔偿以消除他因信赖被告之允诺而遭受的损害。我们的目的是要使他恢复到与原来相同的状态"[③]，这是校正正义的题中应有之义。

2. 预期稳定功能

信赖利益法律保护的集大成者、美国法学家富勒对损害填补作为缔约过失责任的归责基础提出了质疑和挑战。他指出，"法律不再仅仅寻求对扰乱了的事务现状的恢复原状，还要缔造新的情形，它不再防御性地或恢复性地作为，而是充当了一个更为积极的角色"[④]，作为一种损益重新分配机制，信赖利益保护目标不仅在于心理学维度的"对允诺的违反引起信赖方一种受伤害感，使他感受到被剥夺了一些属于它的东西，既然这种

---

① 王军：《美国合同法》，中国政法大学出版社1996年版，第333页。

② 李国光：《合同法解释与适用》，新华出版社1999年版，第184页。

③ ［美］L. L. 富勒、小威廉·R. 帕杜：《合同损害赔偿中的信赖利益》，韩世远译，载梁慧星主编《民商法论丛》（第9卷），法律出版社1997年版，第507页。

④ 同上书，第416页。

思想感情相对来说是千篇一律的，法律便没有理由置之不理"，亦不仅仅在于契约法意志维度的"缔约当事人在缔约过程中基于合意的要约承诺类似于立法权的行使，对合同的法律强制只不过是由国家对业已订立的私法的执行"，更不仅仅在于损失赔偿维度的"对具有执行力之允诺所形成的期待必然会被视为一种财产，而对该允诺的违反则被视为对那种财产的损害"，其更重要的功能毋宁是借此改变当事人所面临的激励，为当事人不同的行为选择制定不同价格，以此来保障承诺的可实施性——"它的目的与其说是赔偿受诺人，不如说是惩罚允诺人对允诺的违反"，这一守诺激励机制的建立"可以推动商业协议被达成而且被履行，劳动分工得到促进，商品得以流转到最需要的地方，而经济活动亦普遍得到推动"的良好态势，充分实现"讲求信赖的生活方式蕴含的便利"。[1]

对于市场微观主体来说，交易相对方是否可靠、是否值得信赖、各种"食人而肥"的不公行为是否受到法律的规制、是否承担相应的法律责任等均是决定其交易预期进而决定是否交易的构成性要素。预期稳定之于一个高效率的流通交易体系，相当于空气、阳光、水之于人类生活。只有预期稳定，人们才能比较准确地预测出交易对手将如何行为，自己的策略备选集合之中各种策略应对的成本—收益对比关系如何，进行交易是否可以获益，是否理性。甚至可以进一步说，"因为只有在比较确定的预期下，我们才能进行一切社会交往和社会活动。我们

---

[1] ［美］L. L. 富勒、小威廉·R. 帕杜：《合同损害赔偿中的信赖利益》，韩世远译，载梁慧星主编《民商法论丛》（第 9 卷），法律出版社 1997 年版，第 422 页。

之所以存款，是因为我们知道银行明天不会倒闭，知道我下次用存折取款时是可以取出来的，知道这些钱不会作废、不会过快贬值，等等。我们的任何社会活动都建立在一大串我们人为比较确定的预期之上的”。①

如果交易相对方可能采取的违诺行为将遭遇法律责任追究机制的拦截，而这一点又能够进入另一方的认知——预期结构，那么，法律追责机制就等价于一个改变当事人行为不公的杠杆，能够改变当事人在博弈互动时对不同策略选择的成本—收益判断，使得损人利己之策略成本大于收益，不再符合当事人的个体利益，从而削弱或剥夺了他实施不公行为的行动能力。作为一种“备而不用”的威慑装置，实体性的法律责任追究为博弈各方将次优的非合作均衡转化为最优的合作均衡提供了一个有力杠杆。② 在一个由“陌生人社会”支撑的庞大交易体系之中，这一点尤为重要。由于现代分工社会下的交易往往是一次性、非人格化的交易，各方对彼此之间都不具备充分信息，各方都拥有可以伺机实施不公行为的、不为相对方所知的“私人信息”（private information），如果仍然把缔约过程中出现的不公行为作为违约责任、侵权责任均在所不问的“飞地”，那么，可以想见，“有机可乘”所导致的交易相对方不可信赖之情形必将随处可见，可欲的交易活动亦将由于交易费用过高而被取消或放弃，资源经由交易流通实现配置最优的效率目标自然也无从谈起。

---

① 苏力：《法治及其本土资源》，中国政法大学出版社1996年版，第7页。

② 参见［美］道格拉斯·G. 拜尔、罗伯特·H. 格特纳、兰德尔·C. 皮克《法律的博弈分析》，严旭阳译，法律出版社1999年版，第58页。

二　信赖利益保护在宏观调控中的适用拓展

作为发端于微观缔约活动、注重维护个体私益的法律保护机制，信赖利益保护能否适用于强调社会整体经济利益、国家总体经济安全的宏观调控领域？对此，本书认为有必要保持开放的心态，采取霍姆斯意义上的功能主义立场，对信赖利益保护在不同法律部门中的应用进行谱系学分析，以此找寻到真正适合稳定调控受体预期、提高调控措施绩效、建成宏观调控法治秩序的可行进路。

（一）制度功能的谱系学分析

按照谱系学的分析理路，一项制度建构并不是由其"出身门第"决定其适用范围的。这一点从霍姆斯对"迪奥单"的演进过程的考察中可见一斑。① 在早期的法律中，人们常常把"迪奥单"（这有可能是轧死某人的一个车轮）当作罪犯来予以惩罚，理论上是这个东西有一种恶意，就是这种恶意导致这个东西杀了人。随着社会约束条件的流变，"迪奥单"作为"受诅咒之物"的责任担当功能渐次拓展到一时无法由自然人、法人承担责任的领域，其逐步演进为海商法上的对物诉讼。在这个意义上，尼采的论断是成立的："一个东西的起初原因和它的最

---

① 参见［美］理查德·A. 波斯纳《法理学问题》，苏力译，中国政法大学出版社2002年版，第210页。关于"迪奥单"背面隐藏的权利、义务、恶意、意图和过失，另参见［美］斯蒂文·J. 伯顿主编《法律的道路及其影响——小奥利弗·温德尔·霍姆斯的遗产》，张芝梅、陈绪刚译，北京大学出版社2005年版，第417—419页。

后用处、它的实际运用以及它的目的排序，全然没有联系；一切现存的事物，不论是如何变成如今的样子的，都会一次又一次根据新的目的予以解释"，即"任何制度都不会坚定不移地指向其设定的目标，保持其诞生时的纯真"。①

在制度的功能主义视角下，微观缔约活动信赖利益保护基于损害填补而生成的稳定预期功能对于宏观调控领域的稳定受体预期、激励主体循法而治同样具有积极的借鉴和移植意义。当然，微观缔约与宏观调控无论是目标宗旨、法益追求、可行手段、规制方法和指向对象等皆有较大差异，信赖利益保护作为一项制度安排引入宏观调控的"规则之治"建设当中，尚且需要根据该领域的内生特质进行适应性改造，以免出现"拉郎配"式的生吞活剥，抑或是"南橘北枳"式的水土不服。

基于功能上的维特根斯坦式的"家族相似"②，信赖利益保护在宏观调控法律规制中的移植及其适应性转化既可以节省制度设计成本，又可以在经济法的法律责任体系建构上发挥库恩所说的"范式转换"效应。囿于传统法律部门的界分，经济法往往给人以责任追究机制缺位因而自洽性不强、可诉程度不高的印象。其实，倘若能够适时转换考察视角，从其内在功能、实质内容等维度而不是单一的部门法划分出发，我们不难发现，不少法律责任追究机制是具有一定普适性的，并不存在为哪一个法律部门独家垄断的问题。比如，按照追究责任的目的，民

①　Nietzsche, Friedrich, *On the Genealogy of Morals and Ecce Homo*, ed. by Walter Kaufmann, Cambridge: Harvard University Press, 1977, p. 358.

②　关于"家族相似"问题的详细分析，可参见［英］路德维希·维特根斯坦《哲学研究》，汤潮、范光棣译，生活·读书·新知三联书店1992年版，第1节以下。

法上的损害赔偿责任、消费者权益保护法上的损害赔偿责任、税法上的滞纳金等，一般都被看作赔偿性或补偿性责任的形式；依据责任的性质，无论是行政法上的罚款、罚金、没收财产，还是经济法上的罚款、罚金、没收财产，均属于经济性责任。[①]与之相类，微观缔约与宏观调控中施行信赖利益保护制度，二者都可以经由无过错一方的损害填补而实现预期稳定、诚实信用，功能的内生相似性决定了责任机制的普适性。可以说，尽管在制度外观上经济法分享了诸多其他部门法的责任形式，但是其独立的责任追究机制仍然客观存在。问题的关键在于如何判定某一法律责任存在与否的标准，这里涉及建构责任体系核心标准的"范式转换"过程。关于范式转换，科学哲学家库恩曾指出：

> 常规科学是科学研究中的常态，它使科学研究呈现出阶段性和连续性的特点。虽然总会出现与范式所预期的不相符合的"反常"现象，但范式既然是学科成熟的标志，是科学家团体所共同遵从的理论体系和规则造型，它就有能力促使科学家去"调整反常"，直至把范式理论调整到反常者不反常为止。但是，一旦反常者的频率越来越高，某些敏感的科学家就会觉察到这类反常对范式构成了根本威胁，范式的"危机"便到来了。一旦一切调整均归无效，唯一需要的就是寻求一个新的范式来代替旧的范式，科学革命就开始了。例如，当科学家运用托勒密的地心说进行

---

① 张守文：《经济法理论的重构》，人民出版社 2004 年版，第 445 页。

天文预测遇到越来越多麻烦时，他们总是相信可以通过局部的调整来消除误差，但结果往往是旧的刚消除，新的又冒出来。哥白尼觉察到，问题一定出在托勒密体系这个范式本身，他怀疑这样一个繁杂而不确切的体系可能与自然界的运动不吻合。于是，他放弃了地心说的旧范式，而致力于建立日心说的新范式。①

同样地，以法律部门划分为标准的责任建构范式——传统的"三大责任"（民事责任、行政责任、刑事责任）、"四大责任"（宪法责任、民事责任、行政责任、刑事责任）的划分法——在经济法强烈的现代性、复杂性和多元性面前遭遇了来自现实的有力挑战。多如恒河沙数的宏观调控问题、市场规制问题很难纳入上述责任建构范式的分析框架中获得解决，按照自身客观规律运行的经济法律实践要求理论话语应当适时做出应对，而不是反其道而行之，将鲜活的实践问题置入既有的法律责任建构模型进行削足适履般的切割，以此回避现实的挑战，或者是在现实挑战面前患上"理论失语症"。当"三大责任""四大责任"业已严重不敷使用，且以功能、目的、性质等为界分标准的责任建构范式又能够有效地承担经济法的责任追究职能，这时，讲求制度绩效的务实做法应当是及时转变责任建构范式，不过分拘泥于法律部门之间的"楚河汉界"，实行必要的"拿来主义"并进行适应性改造。信赖利益保护在宏观调控领域

———————————

① ［美］托马斯·库恩：《科学革命的结构》，金吾伦、胡新和译，北京大学出版社2003年版，第220—221页。

中的适用即是这种"范式革命"的一个缩影。

（二） 宏观调控信赖利益保护的内在规定性

对于制度的实施来说，哪里有合作，哪里的强制就可以降到最低。[1] 着眼于效率维度，确保一方当事人承诺的可置信性以激励相对方的合作回应，对于契约法之外的其他法律部门也是可欲的、可以借鉴的。因此，基于其日渐凸显的调控承诺证成功能及附着其上的合作收益，尽管宏观调控领域强烈的公私二分属性与微观缔约当事人之间地位平等、权利对称的均质化形成一定程度对比，信赖利益保护机制亦可突破传统私法的界域，在公私二元结构当中扮演稳定公众预期的重要角色。

较之微观缔约，信赖利益保护在宏观调控中的适用有一些重要差别，而这类差别又决定了在经济增长、物价稳定等四大调控目标下的信赖利益保护机制构建必须做出相匹配的调整和创新。

1. 指向的博弈主体不同

对于微观缔约活动，其指向的博弈参与人至少从形式上看皆为均质化的主体，是抽象的、无声的、作为"类"的人。这类彼此无差异的"人"是海德格尔所说的"常人"、凯特莱所谓的"平均人"，他的个性被夷平，感性的光辉被褪去。所有的人都被"人格"占有，都带着这张面具（persona）。[2] 与其均等的博弈地位相适应，微观缔约各方势均力敌，具有大致相当、可供运作的博弈维度[3]，一方不享有优于他方的博弈地位，双方

---

① 参见 Ellickson, Robert C. , *Order without Law*: *How Neighbors Settle Disputes*, Cambridge: Harvard University Press, 1991, pp. 156 – 183。

② 章礼强：《民法本质追求探究》，《西南政法大学学报》2006 年第 4 期。

③ 参见 ［美］彼德·布劳《社会生活中的交换与权力》，孙非、张黎勤译，华夏出版社 1987 年版，第 139 页。

形成对等的博弈格局。宏观调控中组成博弈二元结构的主体、受体则相当不同，双方之间形成的是一种作为均质化状态对立面的"差序格局"。[①] 以宏观经济运行的四大目标为着眼点，调控主体的资格主要来源于宪法和法律，特别是一些专门的组织法或体制法，与此相关的规范性文件，则主要是宪法性文件，这使其与宪法、行政法等有一定关联；同时，调控主体的资格赋予更具有浓重的专业经济职能色彩，比如中央银行等机构的职能、权限均由专门性的法律规定做出具体的制度安排。[②] 与调控受体相较，具有法定调控资格的主体通常以社会公益代言人的身份介入宏观经济运行。为顺应复杂多变的经济运转情势，势必享有以自由裁量权为代表的、受体无法企及的、公权力主体特有的博弈强力维度，于博弈中处于优势地位，与受体之间形成基于宏观调控公共物品属性的特殊不对等博弈格局。

2. 保护的利益范围不同

在微观缔约领域，通说认为，纳入法律追责机制的信赖利益主要是受纳方为契约缔结而进行各类准备活动所支付的费用总和。这类赔偿范围界定依循典型私法"止于双方，不及于他者的"的封闭式逻辑，强调的是对受诺方个体的福利损失赔偿，只考虑个体的福利水平是否经由违诺收益的重新分割实现了狭义层面上的校正正义，并不考虑对缔约双方之外其他人等的"第三方效应"[③]，个体自身才是机制运作的着眼点；与之相对，

---

① 费孝通：《乡土中国　生育制度》，北京大学出版社 1998 年版，第 24 页。
② 参见张守文《经济法理论的重构》，人民出版社 2004 年版，第 355 页。
③ 余永定、张宇燕等：《西方经济学》，中国社会科学出版社 1999 年版，第 231 页。

宏观调控是只有以国家能力①为后盾才有力亦有意提供的公共物品，由非排他性、非独占性的特征决定，其影响效力必定突破私法上单个个体的边界而及于受体全部。基于调控的社会性、公共性，信赖利益保护范围亦需做出相应拓展——即便利益保护机制由个体诉讼而非集团诉讼启动，对违诺收益的重新分割也应适度考虑违诺引致的整体福利损失，并以此为标尺来判定主体—受体利益或不利益状态；在具体的损害赔付过程中，可以借助集团诉讼的做法，提起诉讼的保护机制启动者所获得的信赖利益损失赔偿索取资格亦一体适用于同为遵从调控、同因主体违诺而处于不利益状态的其他受体。否则，如果赔偿范围仅囿于个体，那么，由于主体违诺收益与社会整体信赖损失的严重不对称，即便是凭借信赖利益保护对违诺主体进行追责，依然无法逆转主体关于守诺和违诺的收益对比，无法消除主体的违诺激励。

3. 保护的终极目标不同

由私法的个体本位决定，微观缔约过程中的信赖利益保护虽然将损害赔偿提前到缔结契约前的磋商阶段而对传统"意思自治"有所修正，但其根本宗旨和终极目标还是服从私法个体主义进路的约束，主要强调一方违诺后各自利益或不利益状态的矫正性置换，以受诺方的损害填补、恢复原状为原生性功能；由于填补功能的落实将改变违诺方的收益对比，进而改变违诺激励，因此，其客观上亦具有证成承诺、稳定他方当事人预期之功，但这仍是基于损害填补之原生性功能之上的派生性功能。

---

① 胡鞍钢、王绍光：《中国国家能力报告》，辽宁人民出版社 1993 年版，第 6 页。

私法个体本位的对照面，是宏观调控的社会本位。调控主体以公益代表的身份采取计划、财政、货币、金融政策工具干预国民经济运行，其正当性在于市场资源配置机制的内生性失灵，其核心在于承载社会整体福利的四大调控目标之实现。在以政策的时滞效应为内在规定性的授权性规范所生成的实施传导机制①的约束下，一旦局部受体因对主体的调控承诺不信任，采取不遵从调控的非合作策略，基于强大的联动效应和外溢效应，对调控的非合作回应就很容易扩大为全部受体的集体选择，从而导致调控目标落空，附着于四大目标的社会整体福利将遭受微观主体违诺难以望其项背的严重损失。因此，对宏观调控领域来说，更重要的是防患于未然，尽可能促成受体的遵从回应以实现高效率的合作型均衡格局。尽管主体与违诺收益的分离需要借助损害填补职能，但该领域的信赖利益保护目标是向前看，而不是向后看②——事先确立受体"承诺可以信赖"的正面预期，阻却减损调控绩效的非合作均衡格局出现。

三 宏观调控信赖利益保护的两种方式

（一）存续保护

如果不是遭遇重大的国际国内情势变更，抑或是发生重大

---

① 参见［美］鲁狄格·多恩布什、斯坦利·费希尔《宏观经济学》，冯晴、刘文忻等译，中国人民大学出版社1997年版，第385—386页。

② 参见［美］理查德·A. 波斯纳《超越法律》，苏力译，中国政法大学出版社2001年版，第446—447页。

不可抗力事件，包括但不限于计划、国债、产业政策等在内的宏观调控措施在执行阶段应当与其决策阶段相一致，即以调控政策形式表现出来的、关涉调控受体权利—义务配置格局的调控承诺不得随意被撤销、废止，以及做出其他不利于调控受体的变更。倘若这种缺乏正当性的调控承诺变更业已发生，只要上述变动后的宏观经济情势仍然适用原初的调控措施安排，那么，对变更后的调控措施应当予以恢复原状，调控主体的撤销、废止、变更行为应当确认为无效，以此保护受体基于调控措施的公定力、确定力而生成的合理信赖，将"调控权力的行使应当讲求诚实信用"的目标追求落到实处。

与行政法上的存续保护不同，宏观调控领域的存续保护并不是一个形式合法性与实质合法性权衡斟酌的竞争性过程。在前者，行政行为发生不利于行政相对方之变化的前置条件通常是行政行为存在瑕疵，而相对方又对之已经产生合理信赖并据此安排个人事务。行政行为的瑕疵存在可能影响公共利益，由此产生了形式合法性的要求，该要求可以支持撤销、废止、变更行为生效；同时，源出"法治国"理念的实质合法性[①]又要求不得因此对并无过错的相对方造成不利益状态，这里就是一个竞争的过程——撤销、废止、变更行为意欲保护的公共利益与否定上述行为、恢复原初行政行为之效力所意欲保护的个体信赖利益的相互竞争。当前者大于后者时，撤销、废止、变更等行为生效，反之则反是。在后者，由其现代经济管理职能决

---

① 关于"法治国"理念的形式合法性、实质合法性，详见陈新民《德国公法学基础理论》，山东人民出版社 2001 年版，第 3—99 页。

定，以调控措施形式体现出来的调控承诺并不完全是传统意义上的行政行为（尽管在外观上接近抽象行政行为）。在缺乏重大事变、情势变更的情境下，其随意变动往往与利益集团寻租、部门权限之争纠缠胶结在一起，而非由常见的行政瑕疵所致。由于变更的诱致性因素不同，调控承诺非有法定事由的随意撤销、废止、变更并不关涉公共利益，即缺乏公共利益作为其正当化之基础。所以，在恢复原初调控承诺的存续保护过程中，考量的不是附着于公共利益的形式合法性与附着于个体信赖利益的实质合法性之争，而是如何凭借个体信赖利益保护以达致众多调控受体预期稳定、调控目标的公共利益实现，是如何通过形式合法性的维护实现实质合法性。双方在此共冶一炉，和谐共处，不存在两种均具备正当性基础的合法利益如何取舍的计算筹划。

（二）赔偿保护

在国际或国内的重大事变抑或是不可抗力事件并未发生，以调控政策为表现形式的调控承诺却被撤销、废止以及做出其他不利于调控受体的变更时，如果上述变动后的宏观经济情势已经不再适用原初的调控措施安排，那么，可以对调控受体因为合理信赖承诺而遵从调控政策，但是承诺却在缺乏正当性的情境下被肆意违背所导致的损失进行赔偿，以借助违诺损害在主体和受体之间的重新分配来保证调控承诺的可置信性。

长期以来，在学理上损害赔偿一直被视为宏观调控领域责任追究的难点。由于经济来源的财政补偿性，调控主体并非赔偿责任的最终承担者，纳税人缴纳的税收才是赔偿资金的真正来源。按照这一分析理论，似乎是"羊毛出在羊身上"，调控主

体并没有为调控承诺的非正当性变更付出代价，而是转而由纳
税人来承担相应的不利后果。因此，通常只能由相关的直接责
任主体先行承担，而调控主体则承担政治性责任（如内阁辞职
或阁员辞职），使其付出"合法性减损"或"信用减等"的代
价。例如，我国《预算法》第七十三条、第七十四条和第七十
五条就规定了擅自变更预算、动用库款、违法收支行为的法律
责任，强调的是对直接责任人员追究行政责任。① 另外，不同于
微观缔约主体人数的确定性，由于调控受体人数众多，通说认
为赔偿数额计量上的技术困难亦导致赔偿责任在宏观调控领域
中适用困难。

其实，正如歌德所言，理论是灰色的，唯生活之树长青，
如果我们能够适当转换研究视角，亦不难发现损害赔偿责任适
用于宏观调控领域的正当性和可行性。

其一，国家权力机关、行政机关、司法机关均为组织化的
公众利益代理人，作为非人格化的主体，除财政收入来源之外，
并不享有具备独立产权的财产。循此逻辑，对于国家机关而言，
赔偿责任似乎无法适用；否则，将会遭遇赔偿资金来源的正当
性追问。但是，法治国家普遍实施的国家赔偿、国家补偿却有
力地证明：赔偿资金的财政来源性并不妨碍赔偿责任在公权力
行使过程中的适用。对于国家赔偿而言，尽管公权力主体在以
财政资金承担赔偿责任后，可以责令有故意或者重大过失的工
作人员或者受委托的组织或个人承担部分或者全部赔偿费用，
但是，如果公权力行为造成的非法损害损失惨重、赔偿数额巨

① 张守文：《经济法理论的重构》，人民出版社 2004 年版，第 453 页。

大，受制于个体或受委托组织有限的收入或财产，绝大部分的赔偿资金只能由财政收入负担，相形之下，向相关个人或受委托组织追偿的份额是很少的；对于国家补偿而言，所有的补偿资金则全部来自财政收入。在这里，国家赔偿、国家补偿等以财政收入为最终财源的责任承担之所以能够确立自身的正当性，关键就在于为法治国家所普遍认可的"公共负担平等"理论。①所谓"公共负担平等"理论，即政府（国家）活动是为公共利益而实施，是一种"公共物品"，其影响范围内的所有个体均为受益者。由于公权力主体作为公众利益代理人并没有独立财产，因此，按照"谁受益，谁负担"的一般性公平法理，应由社会全体成员平等地分担费用。这是受益—负担相平衡的合理制度安排，并非转嫁责任的"羊毛出在羊身上"。既然国家赔偿、国家补偿等在"公共负担平等"的公平理念支撑下可以在法治实践中普遍推行，那么，同为公权力行为的宏观调控就没有理由因为资金的财政来源而不得适用赔偿责任。

其二，当指向对象为不特定的多数时，赔偿责任也仍然可以有适用的空间。尽管当前我国的国家赔偿法将赔偿对象限定在由具体行政行为、司法行为引起的侵权损失，但是，在国际范围内，引起国家赔偿的法定行为的范围在不断拓展却是不争的事实。在大陆、英美两大法系，国家赔偿已由原来的行政赔偿逐步扩大到司法赔偿、立法赔偿乃至军事赔偿等领域。国家赔偿领域的扩大，从侵权主体看，意味着由行政机关及其工作人员扩大到司法机关、立法机关、军事机关及其工作人员等；

---

① 参见姜明安《行政法与行政诉讼法》，北京大学出版社1999年版，第412页。

从侵权行为看，意味着国家不仅要对行政侵权行为承担赔偿，而且还要对司法侵权、某些立法侵权和军事侵权行为承担赔偿。以立法赔偿为例，过去，由于立法以及其他制定规范性文件的抽象行政行为指向的对象是不特定的多数个体，国家赔偿往往以损失难以计量为由，将之排除在外；然而，从法律实践来看，国家赔偿范围是一个动态的概念而非静态的概念，它处于不断的发展流变之中——法国行政法院在"小花牛奶公司案件"判决中首创国家对立法行为负赔偿责任，德国的《国家赔偿法》则明文规定国家对立法、司法、行政等公权力侵权行为承担赔偿责任。[①] 在 1990 年，美国还曾专门制定法律，对第二次世界大战爆发后制定的强制集中日裔美国人的法律所造成的损失予以赔偿。[②] 即使是在法律层面尚未明确规定立法及其他抽象行政行为赔偿的我国，为了解决因赔偿范围过于狭窄导致的个体权利保护不周，无论是理论界还是实务界，都提出了适时拓宽国家赔偿的边界、稳妥渐进地将不特定的多数个体纳入国家赔偿范围的呼声和建议。2005 年 11 月 5 日"中日国家赔偿法修改研讨会"提出的国家赔偿法修改建议稿第 6 条提出：规章以下的行政规范性文件——"红头文件"违法将会导致国家赔偿[③]；作为实务界代表的北京市第二中级人民法院集体建议，行政机关制定的具有普遍约束力的规定、决定等规范性文件侵犯当事人

---

① 韦宝平：《论国家赔偿范围的拓展趋势》，《江苏社会科学》2000 年第 6 期。
② 张守文：《经济法理论的重构》，人民出版社 2004 年版，第 460 页。
③ 参见高辰年《中日〈行政诉讼法〉、〈国家赔偿法〉修改研讨会综述》，《行政法学研究》2006 年第 1 期。

合法权益的抽象行政行为，应纳入行政赔偿范围①，为我国将不特定的多数个体纳入国家赔偿范围打开了一道口子。以上述例证为参照系，违背调控承诺因为指向对象为不特定多数个体的特征自然也不能成为阻碍赔偿责任适用的有力理由。

其三，赔偿金额的计算亦是影响损害赔偿这一救济方式之适用的重要因素。在调控违诺赔偿启动之初，为了不至于给正常的调控活动设置过多的行动障碍和保证司法操作层面的便利性，应借助"直接成本法"将损害赔偿的对象限定为调控受体因为信赖调控承诺并为此采取"合作"行动而支付的直接费用或成本。比如，违背国债发行承诺的赔偿对象应当是调控受体支付的购买价格，违背产业优惠政策承诺的赔偿对象应当是厂商在优惠期内进入调控主体承诺优惠的行业，为投资、设厂、购买设备和原材料等生产要素而支付的这类成本可以根据厂商的会计账簿计算出来。赔偿人数的计算和确定则可以依据各类登记文件。仍以上述国债、产业承诺为例，违背国债发行承诺的赔偿人数可以查询国债交易记录予以确定，违背产业优惠政策承诺的赔偿人数可以通过企业登记管理机关，确定厂商所属行业和进入日期，然后将优惠期内进入优惠产业的厂商予以加总，即可确定赔偿人数。其他类型的调控违诺赔偿金额计算亦可比照上述方法进行。特别需要指出的是，除直接成本法等基本方法之外，损害赔偿金额的计算更多是一个不断探索、"干中学"的经验积累过程，也是一个依靠专家的法官自由裁量权行

---

① 李元元：《怎样降低百姓申请国家赔偿的门槛》，http://www.cq.xinhuanet.com/subject/2004/guojiapeichang/，最后访问时间：2007 年 12 月 19 日。

使的过程。同样是面对为数众多的不特定个体，较为成熟的美国集团诉讼常常根据"经验准则"来确定案件的赔偿标准。以汽车事故案件为例，每一个集团成员通常会得到2—3倍于其医疗费、工作损失或其他有据可查的损失总和的赔偿额，且不会因个体情况的不同有太大差异。其他类似案件也可以按照"经验准则"来确定赔偿标准。[①] 而在美国证券集团诉讼中，对于赔偿金的确定法官享有积极能动的管理职权。双方当事人都会聘请经济学家和统计专家提出自己关于赔偿的计算办法和金额。法院也可以聘请专家进行计算，法官只需要根据自己对法律的理解，在听取双方主张的基础上做出自己的主观判断。[②]因此，对于赔偿金额的计算，我们有必要保持开放的心态，在积极借鉴同样面对多数个体的案件的金额计算方法的同时，赋予法官必要的自由裁量权，营造适度的探索、"试错"空间，如此方能在司法技术上有效应对日益增多的不特定多数个体的损害赔偿挑战。

需要说明的是，同为蕴含公权力因素的损害填补，宏观调控中基于合理信赖的损害赔偿也不同于行政法上的信赖利益补偿。倘若当时面临的客观环境约束业已改变，对已被撤销、废止、变更的授益性行政行为采取恢复原状的救济，这一救济方式将损害公共利益；但是，如果对行政相对方的信赖利益不予保护，则有悖于行政法治诚实信用的普适法理。为兼顾形式合法性与实质合法性，德国1963年的行政程序法草案提出以补偿

---

① 参见范愉《集团诉讼问题研究》，北京大学出版社2005年版，第182页。
② 参见杜要忠《采用证券集团诉讼完善我国证券民事诉讼机制》，深圳证券交易所综合研究所"中国证券市场前沿理论问题研究"系列报告（之七）。

相对人损害的方式来保护相对人的信赖利益，这一设想也为1976 年德国《联邦行政程序法》所采纳。与存续保护相类，行政法上信赖利益补偿的基础亦在于已经做出的授益性行政行为存在瑕疵，撤销、废止、变更先前行政行为并无实证法上的可非难之处，只是为了在个体信赖利益与社会公共利益之间达致"鱼和熊掌兼得"，以财产补偿的方式作为应对。宏观调控信赖损害赔偿的前提条件则不然。宏观经济走势复杂多变，为有效应对其固有的不确定性，调控主体必须在法律规则设定的轨道内采取适度的"相机抉择"策略，以"逆经济风向而行"的反周期调控措施熨平经济周期波动，这也是宏观调控与传统行政行为的重大差异所在。如果不存在违背诚实信用义务的否定性状态，调控主体在出现法定的重大情势变更或不可抗力之时，或者履行法定程序之后所做出的正当调控承诺变更并无实证法上的可责难之处，却仍然要对为数众多的调控受体进行补偿的话，那么，将无异于为调控主体的调控行动设定了无效率的过高门槛，导致其在职能行使过程中"战战兢兢，如临深渊，如履薄冰"①，甚至有可能为了规避责任追究风险而故意不作为，这是有悖于宏观调控的场域职业逻辑的。因此，宏观调控中信赖利益损害填补所指向的客体只限于并无法定重大事由或不可抗力，或者未经法定程序、背离诚实信用及"允诺禁反言"原则的承诺肆意变更而引发的信赖利益损害，这种损害填补是具有法律否定评价意味的"赔偿"，而非不含否定意蕴的"补偿"。

---

① 《论语·泰伯》。

四 宏观调控信赖利益保护功能的法理新解

由于适用的"生态环境"不同，与微观缔约活动中的相类制度安排相比，宏观调控中的信赖利益保护功能亦会发生相应的变易。把握这一点，对于该领域的信赖利益保护归责基础的确定、责任机制的构建、诉讼流程的展开甚有助益，也是避免制度移植可能出现的"生吞活剥"之弊所不可或缺的。

（一）落实诚实信用原则

诚实信用原则是民法上的"帝王条款"，其对于私法领域当事人合理信赖保护的积极意义自不待言，不过，该原则究竟是特定的民法范畴，还是具有"广谱作用"、畅行于所有法律活动的普适性规范呢？作为"法治国"理念的故乡，德国联邦行政法院借助判例催生了一系列泽被后世、影响深远的"法治国"原则，包括禁止溯及既往、诚实信用和比例原则等，从而大大拓展了发轫于民法的诚实信用原则的适用空间，将其推向一个约束公权力、折射宪法之治意蕴的高层位阶。德国学术界与司法实务界认为，法律内有所谓"一般法律原则"（allgemeiner Rechtsgrundsatz），虽然具体表现为民法的规定，但其性质如同各法律的总则规定，可适用于各个法律领域，因此可以直接适用于公法。诚实信用原则即为此种一般法律原则。流风所及，大陆法系的大多数国家和地区也予以仿效。比如，日本学者盐野宏明确指出，诚实信用原则是一般法原理，不限于规范私人间的关系，也适用于一般行政活动之中。① 我国台湾地区"行政法院"在 1981 年判字第 975 号判决中则称："按公法与私法，虽各有其特殊性，但二者亦有共通之原理。私法规定表现一般法理者，应亦可适用于公法关系，私法中诚信公平原则，在公法上当亦有其适用。"②

　　作为上述的"一般法律原则"，诚实信用理应是宏观调控的可欲目标和内生价值追求，更是判断宏观调控"规则之治"的应然状态与实然状态是否契合的重要标尺。尽管宏观调控的经济管理职能与一般行政管理活动相当不同，但该领域亦呈现出公权力占据优势地位、主体—受体力量不对称的二元格局；并且，由于宏观经济走势的周期性波动，缺乏"法治国"理念约束的调控主体往往很容易以调控中的"相机抉择"之名，行裁量权滥用之实，典型的如我国曾出现的出口退税率忽高忽低、变动不居的现象。出口退税率的调整本身是一种宏观调控行为，但宏观调控必须有法律依据。其过于频繁的变动，同现行制定法的规定存在着抵触，实际上是对纳税人的退税请求权的侵犯，也使法的安定性和可预测性的价值受到不良影响。③ 在该领域极易滥权的现实语境下，有助于约束调控权力、划定其行使的正当性边界的诚实信用原则更彰显出适用的必要性和紧迫性。

　　当下的制度瓶颈在于，仅仅是认可"一般法律原则"并不足以保证宏观调控的"规则之治"从应然转变为实然。原则的

① ［日］盐野宏：《行政法》，杨建顺译，法律出版社 1999 年版，第 58 页。
② 李洪雷：《论行政法上的信赖保护原则》，硕士学位论文，中国政法大学，2002 年。
③ 张守文：《经济法理论的重构》，人民出版社 2004 年版，第 416 页。

适用需要具体的信赖利益保护机制作为载体和切入口，相应的制度设定有效与否，直接决定了处于高位阶之法律原则究竟是得以坐实还是坠入虚无。

（二）在调控主体和受体间重新配置违诺损失

按照法律经济学的解读，如果存在实体性的责任追究机制，能够在调控主体与受体之间公平、公正地分配诸如肆意违背调控承诺之类的道德风险所引发的损害后果，使得违诺一方的实得收益小于实际成本，即净收益为负值，那么，如前所述，确立调控主体责任追究机制将有助于消解调控主体的机会主义激励，促使其形成"非有法定重大事由或不可抗力，承诺不得违背"的稳定预期，从而成为制度化的机会主义威慑装置。①

但是，调控主体的责任追究一直被视为宏观调控领域法治化建设的"不毛之地"。传统的诉讼观认为，"在起诉的资格中，损害必须具有特定性。因为能够起诉的损害必须是特定的损害，只是一个人或一部分人受到的损害。如果损害的范围很广，包括全体公民在内，没有一个人比其他人受到更多的损害，大家在损害面前平等，这是一种不可分化的冲向的损害。抽象的损害不对任何人产生起诉资格，例如美国在越南进行战争，行政当局不采取措施制止通货膨胀，全体美国人民受到损失，任何人不能因此取得起诉资格"。② 宏观调控措施常常以国家预算编制、税率、汇率、利率确定、产业政策、央行公开市场业务、发布财政税收政策等形式出现，涉及范围具有广延性，与

---

① 参见［美］道格拉斯·G. 拜尔、罗伯特·H. 格特纳、兰德尔·C. 皮克《法律的博弈分析》，严旭阳译，法律出版社1999年版，第58页。

② 王名扬：《美国行政法》，中国法制出版社1995年版，第631页。

前述"在起诉的资格中，损害必须具有特定性"相冲突；同时，调控措施多以国家整体经济效率、安全为目标指向，其又很容易被作为国家行为或政治行为对待。对于国家行为，传统的诉讼观是：（1）政治问题通过政治过程由国民做出判断，司法机关通过司法过程解决法律问题，司法机关不承担政治责任，也就没有介入政治问题的权利。（2）司法组织和司法程序是为保障个人权利而设计的，不适用于解决重大的政治问题。（3）法院没有能力应付因为对重大政治问题做出判断可能产生的政治混乱。① 因为调控的决策过程相类于立法行为或者行政法上的抽象行政行为（尽管二者并不完全等同，前者具有浓重的经济管理职能）均关涉人数不特定的众多个体，效力具有一定时期的延续性，一般都着眼于重大的社会公共利益，故而，社会各界的目光也往往聚焦于宏观调控的决策过程。囿于调控决策受较高的关注程度，人们很容易以偏概全，把作为局部的决策过程当成整个宏观调控的全过程，以决策过程较弱的可诉性为依据来判定调控全过程的可诉性，进而将调控政策执行阶段的违诺责任追究亦放逐于可行范围之外。

与宏观调控可诉性较弱的传统诉讼观相对应的，却是调控受体在二元结构中的弱势博弈地位。在布迪厄的场域理论视角看来，博弈地位是由博弈参与者手中所握有的博弈强力维度决定的。强力维度是一个语境化的概念。在社会发展的早期阶段，生理力量的强大往往是争夺有限食物资源的有力工具，该筹

---

① 胡锦光：《论国家行为》，载陈光中主编《诉讼法论丛》（第2卷），法律出版社1998年版。

码——强大的生理力量——的持有者可以借此在博弈中占据有利地位，使得力量弱小的一方服从自己，在博弈场域中建立起支配—服从的互动关系；在科学知识日渐增值，成为牟利重要工具的现代社会，某一处于领先地位的技术对于持有者来说就是一种能够限定博弈相对方选择范围的强力维度。可以说，此概念与社会学意义上的"权力""资本"是相通的。宏观调控主体资格由法律甚至是宪法赋予，其职能、权限亦有专门性法律予以规定，在宏观经济走势波动的语境下，其享有大量的调控裁量权是该场域的内生逻辑；相形之下，弥散化的众多调控受体除了可以借助应然意义上不可侵犯的财产权、人身权对主体的调控过错诉诸政治责任追究抑或是道义追究，很少有实证法上的权利安排作为博弈强力维度，抗衡调控受体显而易见的博弈优势，以此在博弈双方之间形成权力或权利同义务相匹配的均衡格局。正如"不同牌的大小是随着游戏的变化而变化，不同种类资本（经济的、社会的、文化的、符号的资本）之间的等级次序也随着场域的变化而有所不同。换句话说，有些牌在所有的场域中都是有效的，都能发挥作用——这些就是各种基本类型的资本——不过它们作为将牌的相对价值是由每个具体的场域，甚至是由同一场域前后不同的阶段所决定的"①，由宏观调控场域的主体—受体的力量对比关系决定，受体的博弈"资本"或曰强力维度应当是足以抗衡主体裁量权的责任追究权利，如此方能对双方力量对比极为不均衡的二元格局有所校正。

---

① ［法］皮埃尔·布迪厄：《实践与反思——反思社会学导论》，李猛、李康译，中央编译出版社 1997 年版，第 135 页。

　　将调控政策执行阶段的非正当违诺行为设定为调控受体信赖利益保护所指向的对象，可以不必与"宏观调控决策不可诉"的诉讼通说相抵牾，更重要的是，通过细致的规则归责原则、责任构成要件、诉讼组织机制的设计从而落实了赫尔维茨意指的"可实施性"后，信赖利益保护将可以成功地校正调控受体的弱势博弈地位，进而在主体和受体之间重新分配违诺损害，非正当违诺造成的损害得以从受体处转移至主体处。这时，主体原初的调控裁量权之上又附加了损害承担、恢复原状责任，而无论是损害承担还是恢复原状，都是对主体的调控裁量权的削弱和羁束；受体则改变了原初"损害自担"的弱势地位，博弈"资本"借此得以有效增强，经济法运用权力的再配置对弱势一方进行校正性保护的追求得以实现。

第三章 宏观调控信赖利益
保护的责任构造

一 信息费用约束下的调控
信赖利益保护归责原则

对于宏观调控而言，其深广的影响、强烈的公共物品特质、面对的宏观经济运行突出的变易特点决定了该领域内信赖利益保护的责任分配原则既要以传统侵权行为法归责原则的内核作为参照，又要充分关注调控的内在特殊属性和利益保护的特殊目标：一方面，与侵权行为法相类，它可以通过对主体违诺行为进行课责，以此赔偿受体的信赖利益损失，使后者恢复未遵从调控前的原初福利水平，也可以通过对调控承诺恢复原状，使后者获得调控承诺兑现的应得利益；另一方面，又需要对通说支持的归责原则予以调适和完善，以确保信赖利益保护作为调控承诺证成装置之机能的充分发挥。

依照法律经济分析的效率进路，对于当事人各方福利状态非正当性改变（既有道义非正当性，又有法律认定的客观非正当性），其责任分配的标准并非仅仅在于法律价值判断，而是要对与损害事实相勾连的一系列条件通盘考虑权衡，确定哪一方能够以较低的信息费用承担证明义务，并结合责任追究在具体场域中意欲达致的主导性目标来选择相匹配的归责基准。在调控违诺追责中，归责原则的确立是建立在主体是否改变调控承诺、受体是否存在损害事实、主体改变承诺行为是否具有可责性以及是否存在免责事由等事实探知活动上，由于此类信息在信息经济学上多属于当事人一方拥有的、博弈相对方和作为第三方的外部裁决者均不拥有的"私人信息"（private information)，而非各方存在"聚点"①（focal point）的"共同信息"②（common knowledge)，各方对于调控违诺的事实探知、证明能力是不同的。因此，必须以宏观调控本身的技术特性、主体和受体各自的信息比较能力（information comparative ability）为出发点，在满足信息费用的约束下，确立能以最低信息成本完成"稳定受体预期"目标的归责原则。

（一）"承诺—遵从"是一种不完备的二元博弈关系

如果把主体与受体之间"承诺—遵从"的互动视为广义上的二元博弈，那么，在信息经济学的视角下，这是一种不完备的博弈关系。所谓不完备，概言之，意指双方互动过程中的种种情形无法诉诸文字，或者其他编码化的符号形式予以事先详

---

① 也称为谢林点，它是参与人最可能选取的一个战略组合，因为在参与人所处的条件和文化中该战略组合显得非常突出。参见［美］道格拉斯·G. 拜尔、罗伯特·H. 格特纳、兰德尔·C. 皮克《法律的博弈分析》，严旭阳译，法律出版社 1999 年版，第 347页。

② 对某一信息，每个参与人知道它，每个参与人知道其他参与人也知道它，每个参与人都知道其他参与人知道自己知道它，依此类推。参见张维迎《博弈论与信息经济学》，上海三联书店、上海人民出版社 1996 年版，第 49 页。

尽规定，即显性的权利义务设定无法穷尽互动过程中的所有情形。我们可以借助作为其对立物的完备性来对不完备进行对比解读。以博弈互动的常见形态——契约为例，完备契约就是能够以书面或其他稳定的、事后能有效加以识别的形式，列举出所有未来可能发生的似然状态以及每种状态下各方的权利与义务——交易价格如何随成本和气候而变化；当一方不能按照合同规定的日期和地点交货时，如何对另一方做出补偿；在什么情况下，可以终止合同的执行。如此等等。[①] 具体而言，比如，在一项完备的供货合同中，不仅可以写明供货的数量和规格，而且可以写明产品质量、交货的时间和地点、付款方式以及纠纷解决办法等。但是，在一个充满不确定性、信息不完全的现实世界中，当事人或许没能准确预料到所有未来可能发生的情况；即使预料到了，也可能没有办法在合同中表达出来；即使表达了，也可能事后无法执行，因为识别究竟出现了哪种状态是很困难的。比如说，交易合同可能没有办法说明价格应该如何随生产成本而变化；即使说明了，如果生产成本是卖方的"私人信息"，不能被买方观察，这样的合同也不可执行；即使生产成本是公开信息，如果事后没有办法监督生产者的行为，合同的可执行性也很成问题。[②] 在这些场景下，都有可能产生不完备合同。

类似地，宏观调控中不完备的二元博弈关系只能确立大致的行动框架，很难将关涉的细节均付诸显性条款。由于宏观经

---

① 张维迎：《信息、信任与法律》，生活·读书·新知三联书店2003年版，第111页。

② 同上。

济运行的变易性和波动性，主体与受体的权、责、利在很大程度上与所处情境紧密相连，很难以编码化的手段事先予以一一明晰，这一调控环境的不确定性决定了即便将调控承诺形诸文字，也只能为双方规定大体的行动法律框架，过高的信息费用阻挡了契约全涉性（gapless）的可能，个中的权利义务细节、空白只能依据宏观经济走势的具体情状予以矫正和填补。比如，就上文基德兰德与普雷斯科特提出的货币政策模型来看，只能大致确定一个低通胀率的货币政策框架，其中低通胀政策何时启动、有效期将稳定在多长的时段内、情势可能发生何种变化等，都无法通过显性的符号化方式成为调控契约的组成条款；作为受体，可以确立肯定预期的是主体将实现低通胀政策，至于上述大量主体握有主动权、裁量权的细节性信息，则无法借助契约显性条款的形式事先确知。又比如，为贯彻从紧的货币政策，防止经济增长由偏快转为过热，防止物价由结构性上涨演变为明显的通货膨胀，中国人民银行决定：从 2007 年 12 月 21 日起调整金融机构人民币存贷款基准利率，一年期存款基准利率由现行的 3.87% 提高到 4.14%，上调 0.27 个百分点；一年期贷款基准利率由现行的 7.29% 提高到 7.47%，上调 0.18 个百分点；其他各档次存款、贷款基准利率相应调整。个人住房公积金贷款利率保持不变。① 其中，央行就各层次存贷基准利率的规定不可谓不细致，但是，调整后的基准利率的适用期间长度、实行新利率后一旦其适用的宏观经济情势发生激烈突变

———————

① 《央行发布年度金融数据　2007 年我国金融运行平稳》，新华网（http://news.xinhuanet.com/fortune/2008 - 01/11/content_7407542.htm），最后访问时间：2008 年 1 月 18 日。

时如何再次变更基准利率、变动的幅度应控制在什么范围等，都无法事先予以详尽无遗的规定。所以，在宏观调控领域详尽细致地罗列博弈双方的所有权利、义务以及各类或然性态势的信息费用是十分高昂的，以至于即便是不考虑主体的预测能力，将上述种种形诸文字也是信息费用过高而不可能抑或是无效率的行动。在这一由宏观调控内在特性引起的过高信息费用所决定的不完备博弈关系中，博弈双方地位不对等、信息不对称，主体基于调控的主导地位享有技术信息的绝对优势，是追责过程中耗费信息成本较低的优势一方；相对地，受体则处于信息劣势一方。那么，造成这种不完备性的根源究竟是什么？从决策论、社会学和阐释学的综合进路来看，不完备性是由以下因素造成的。

1. 调控主体无法绕开西蒙意义上的"有限理性"

作为宏观决策者，首先，调控主体面临的是需要将许多常常互相竞争的目标最优化，而不是仅仅将一个单一目标最优化。其次，大多数决策者极少能够了解他所面临的问题的全部解决方案，他只是对可行的解决方案有有限的了解，这一点还取决于他的经历、教育水平和智力状况（当然，调控主体必须具备足够的宏观经济素养和智慧）。再次，在评价现在与将来各种政策选择的结果时，决策者是在不确定状态而不是在像新古典经济学理论所描述的风险中性状态下活动。最后，决策者几乎不得不永远追求"满意"或"足够好"的解决问题方案，而不是最佳或最好的选择。① 概言之，正是由于个体的人（调控主体也是由作为自然人的个体组成）在知识、远见、技能和时间上都是有限的，博弈各方不可能完全不考虑信息费用约束，对各自的权利和义务事先进行全面的设定。②

2. 调控信息或知识的"地方性"③

尽管对调控主体的调控资格、权能存在严格的专业素养要求，但是，调控信息或知识的"地方性"仍然制约着主体的宏观预测、决断能力。在哈耶克"离散化知识观"看来，知识并不是一个静态的概念，它始终处于流变之中，永远是特定于具体时间的，是一个高度情境化的"地方性"概念，宏观调控所涉信息亦然（这一点相对于调控主体的预测、决断能力而言，与主体的宏观经济专业优势并不冲突）。正如计划不可能穷尽关于一个社会中经济活动的一切知识或信息，不能获得关于人们偏好的一切知识一样④，完备的调控权力或权利—义务设定所需要的知识或信息也远远超出了任何一个人或组织所能知道的范围。调控过程所需的大量知识或信息"都不是集中在单个人脑之中的知识，而仅仅是作为不计其数的不同个人的分立的知识而存在"。⑤

---

①　参见张杰、殷玉平编著《大师经典——1969—2003 诺贝尔经济学奖获得者学术评介》，山东人民出版社 2004 年版，第 131 页。

②　参见［美］奥立弗·E. 威廉姆森《治理机制》，王健、王世建译，中国社会科学出版社 2001 年版，第 20 页。

③　参见［美］吉尔兹《地方性知识：事实与法律的比较透视》，载梁治平编《法律的文化解释》，生活·读书·新知三联书店 1994 年版，第 74—171 页。

④　［奥］F. A. 哈耶克：《个人主义与经济秩序》，贾湛、文跃然等译，北京经济学院出版社 1991 年版，第 23—25 页。

⑤　韦森：《社会秩序的经济分析导论》，上海三联书店 2001 年版，第 42 页。

3. 文字表意的不完全性、不确定性

支撑宏观调控顺利运转的信息除了可以通过文字进行编码化的明示知识（explicit knowledge），还包括难以转变为文字或者转变起来不经济的默会知识（implicit knowledge），它们更多是调控主体在实践过程中"习"得而非"学得"的、高度内化于自身的技巧。这类知识，就像给一位想要学习滑板技巧的年轻人一本关于重力、摩擦力、速率和向心力的手册来传授所有相关的知识几乎是不可能的一样①，对应的是亚里士多德知识分类中的实践知识或者技艺。在这类"know-how"式的无言之知面前，语言文字往往是有着"道可道，非常道；名可名，非常名"②的无奈，凸显着自身的力量边界问题。因此，以文字表现的显性规定不可能对附着于默会知识的诸多调控事项做到百分之百的精确和周延，对于其中的"不可言说的"部分，只能采取维特根斯坦式的"保持沉默"。③

（二）调控主体的主观状态是难以观察、难以检验的信息

虽然通说认为，以当事人的主观可非难性而非仅仅以行为实施与损害事实间的因果关系作为归责标准，是追责机制从同态复仇向讲求教育、预防为目的的文明形态转变的标志，但是，信息经济学已证明：在很多情况下，当事人的主观心理状态很难外显并得到法律意义上的证实，只能通过其自身的行动显示或信号显示（signaling）为外部所观察，显示的真实性和有效性

---

① ［德］柯武刚、史漫飞：《制度经济学：社会秩序与公共政策》，韩朝华译，商务印书馆 2000 年版，第 59 页。

② 《老子》，山西古籍出版社 1996 年版，章一。

③ ［奥］路德维希·维特根斯坦：《逻辑哲学论》，贺绍甲译，商务印书馆 1996 年版，第 166 页。

亦必须由其履行一系列解释、说明义务方能证成，舍此，关于主体主观状态信息的确证、核实将会是费用过高、效率低下的不经济活动。以霍姆斯的行为主义法律进路观之，世界上甚至并不存在作为一种实体的"主观状态"，就像"运气"这个词一样。"运气"并非人们拥有的某种东西，它在空间和时间中都没有位置，就如同一个静止的美洲虎没有速度一样，它只是在事实出现后对人们经验的一种概括。与此相类似，"主观状态"也不是一种东西而是对某种行为的一个描述。[1] 因此，即便是科学技术的发展使得司法机制能够更为有效地探知或是重构既往事实，发现各类纷争内在的因果律，行为主义法律观下的"主观状态"判断仍然是适用的——霍姆斯认为，随着法律的成熟，责任制度（甚至刑事责任制度）都变得进步了，"外在化"了，也就是说，责任更多地被视为是一个行为问题，而不是一个意图问题。[2]

同时，法律责任追究在很大程度上需要依托其载体——司法机制。作为一种"第三方治理"模式，司法机制探知既往事实的"外部视角"使其有效性严重依赖于相关证据信息的可观察性（observability）和可检验性（verifiability）。这两个条件意味着法律的信息成本，这是任何法律设计必须考虑的问题。否则，将会出现"清官难断家务事"式的无效率，或者"诛心""莫须有"式的弊端。[3] 易言之，法律治理机制的运作只能围绕

---

① ［美］理查德·A. 波斯纳：《法理学问题》，苏力译，中国政法大学出版社 2002 年版，第 217 页。

② 同上书，第 210 页。

③ 参见张维迎《信息、信任与法律》，生活·读书·新知三联书店 2003 年版，第 196—198 页。

易于观察、检验的"硬"证据展开，各种情势变化皆被证据承载的信息所覆盖，这是以司法为代表的外部治理机制在实际运行中难以避免的局限。在这个意义上，对于绝大多数的纷争来说，法律治理是"不在场"的，其事实探知活动只能止步于满足可观察、可检验要件的证据之前，重构既往事实的能力是相当有限的。可以设想，如果不能满足司法机制的"可观察性""可检验性"之内生特质，不少符合应然正义的法律责任追究构想恐怕只能是"看上去很美"的屠龙术。

在司法机制的"可观察性""可检验性"之约束下，"量能举证"的证明责任分配原则应运而生。按照"量能举证"的证明义务配置要求，在产品质量、医疗事故、交通事故等信息费用高昂的风险领域往往一反传统侵权归责原则的惯常做法，对加害方主观是否具有可责性的证明义务不再由提起诉讼的受害方承担，而是将主观状态认定标准客观化，由裁决者直接根据损害事实或行为实施本身进行责任推定。这一归责原则的变化，是适应社会发展导致的主观状态可观察性、可检验性弱化从而履行证明义务的信息费用激增的效率安排。

宏观调控是借助货币、财政、金融等政策工具之外力，对市场机制内生性缺陷施以反作用力予以抵消的"条件依存型"活动。由于市场"失灵"的随机性和不确定性事先难以进行精细、准确的测定、计算与筹划，主体在政策执行阶段对制定阶段所作承诺进行变更之时，其心理状态究竟是着眼于"逆风向而动"的调控内在规律，还是处在追逐部门利益而违背政府决策的公定力、确定力的主观肆意状态，主体之外的相关方都缺乏当下有效的技术手段和信息支持进行甄别。易言之，在调控的内生不确定性的遮蔽下，主体自身才是其改变承诺时主观状态是否具有可责性的完全信息拥有者，而过高的信息观察、核实成本则阻碍了受体成为承担说明、证实义务的效率一方。依照证明义务配置需与信息特征、信息费用相匹配的经济学进路，自然应调校"谁主张，谁举证"的证明义务分配模式。

在调控主体的主观状态难以观察、验证以及司法机制"外部视角"的双重作用下，将主观状态认定标准客观化，由裁决者直接根据损害事实或行为实施进行责任推定的归责方式可以有效发挥法律责任建构对肆意违背调控承诺的威慑功能。在这里，调控违诺责任追究的实质就是"将行为划分为人们应当负责的和人们不应当负责的，这是社会奖惩机制的一部分：在那些奖惩一般会具有激励和威慑作用的地方会对责任做出分配"。[1]在追责机制借助客观化标准克服了对调控主体主观状态认定的模糊性困难后，主体可以对自身违背调控承诺的法律后果有一个清晰、稳定的预期。作为一种遵守承诺的激励，客观化的追责原则可以促导主体绕开违背承诺的机会主义选择；如果在清晰划定的行动边界前仍然"明知故犯"，那么用尼采的话来说，主体是"作为一小片不负责任的命运而受到惩罚的"。[2]退一步来说，参照美国法学家波斯纳的分析理路，如果有朝一日我们可以借助极为发达的科技手段彻底透视调控主体的心智，他们也完全有可能对自己的违诺行为都会有详细的甚至会是相当有

---

① Quine, W. V., *Theories and Things*, Cambridge: Harvard University Press, 1981, pp. 94—95.

② ［美］理查德·A. 波斯纳：《法理学问题》，苏力译，中国政法大学出版社2002年版，第222页。

道理的理由。但是，即便如此，基于社会整体利益的法律还是
会追究违诺责任。因为，社会关心的毕竟是行为（无论是即将
发生的还是已经发生的），而不仅仅是主观状态。[①]

（三）调控信赖利益保护实行过错推定原则

在调控信赖利益保护的归责过程中，应采取大陆法系的过
错推定原则或英美法系的"事实本身证明"原则——主体改变
政策制定阶段承诺的行为导致受体信赖利益落空，发生损害事
实，受体无从证明主体的承诺改变是否具有主观过错，仅有主
体对之拥有充分信息，于是，从损害事实本身出发，如无重大
情势变更或不可抗力，即可推定主体对关涉调控基本结构的
"核心规范"实施承诺改变行为之时主观上有过错，或曰损害事
实本身证明了主体违背了应当诚实信用的法定义务，因而证明
其主观上具有可责性；对于"变量规范"，则应当从调控主体违
背法定程序并造成严重社会后果的事实中推定其主观状态的可
责性。

实施调控主体过错推定，并不意味着在该领域实行无过错
责任，过错推定是独立适用的。这既是由二者内涵殊异所致，
更是由二者目标指向不同决定的。无过错责任的主要功能在于
对不幸损害之合理分配，是伴随高风险社会活动增多建立起来
的，并通过保险制度的普及实现损害分配的社会化，实系对受
害人提供损害补偿的制度支持[②]；宏观调控信赖利益保护归责的

---

① 参见［美］理查德·A. 波斯纳《法理学问题》，苏力译，中国政法大学出版社
2002年版，第211页。

② 王利明：《侵权行为法归责原则研究》，中国政法大学出版社2003年版，第76
页。

目的并不是分散事故风险，也没有保险制度支持，其宗旨主要在于通过将主观有过错的承诺改变所致收益与主体相分离，使得违诺成为成本大于收益的不可欲策略从而稳定受体的信赖预期。所以，在以比较信息优势确定归责原则之时，并不意味着采取无过错责任要求的做法——对主体的主观状态完全在所不问，相反，还要对主体过错推定附加相应的约束条件。

从功能主义视角出发，归责原则的目的很大程度上在于教育、预防社会效率看来不可欲的非正当行为。行为的可责性是追责目标实现的基础，如果行为人在实施之际主观状态彻底不具备可责性从而也不具备可矫正性，那么，即使对之课责也很难改变其行为激励，实现课责的行为调整目标。同样，由于宏观经济走势的不确定性，主体为调控总体目的，需要调整既定对策以契合宏观经济走势的变化，因而不可避免会对调控承诺有所偏离甚至是实质改变。在这种情况下，倘若主体无论是从道义层面还是从制度层面，均以充分的忠诚、谨慎、细心完成了"善意管理人"或"忠实代理人"的注意义务，并无可非难之处，对其课责则相当于为善意受托人——调控主体设置了过高的调控行动价格，这一过高的行动价格对主体的行为取向具有逆向引导的负面效应——导致其为避免陷入由法律责任追究引起的不利益状态，往往选择风险较低的消极对策，没有积极、主动、及时地依据调控总体目标对经济波动做出回应，反而刻意规避自己的作为义务，导致社会总体效率损失。

基于过度课责引起的调控义务规避效应，在确定归责原则时应注意信息约束条件与承诺行为改变是否有可责性、调控自身内生的变易性相平衡，对于损害事实中推定过错的做法留出适当的调整空间。可行的制度设计构想是在实行过错推定时，赋予主体抗辩权利——当主体能够以充足有效的证据证明对基于"核心规范"的承诺改变是出于调控过程中不可避免的不可抗力、紧急情势等法定特殊事由，或者是经由法定程序变更了"变量规范"，则可以免除法律责任承担。需要特别指出的是，为最有效地确立受体"承诺可以置信"的预期，这里的免责不同于一般的过错推定免责，即仅在主体对承诺改变行为提出反证之前推定其过错，只要主体能够证明已尽到注意义务、行动时未受到局部私利的支配即可推翻过错推定；相反，这一免责对主体的抗辩空间作了严格抗辩和压缩，并非只要注意义务已尽就可以阻却承诺改变行为的可责性。对于"核心规范"，主体必须证明有符合宏观调控运作逻辑、难以抗拒的情势变更——比如，国际经济形势的重大突变、重大自然灾害的突然发生等满足"重大性""不可抗性"要件的客观事由——存在，才能证成承诺改变行为的正当性与合法性，推翻对其具有过错的先前推定；对于"变量规范"，主体必须证明充分遵守法定程序，方可推翻先前的过错推定。所以，宏观调控信赖利益保护采取的是"不可推倒的过错推定原则"①，这一特殊的推定原则既考虑到信息费用约束，又为主体的自由裁量权留出必要的余地，同时较之一般的过错推定又对主体课以更严格、繁重的谨慎义务，对于宏观调控这种"牵一发而动全身"的特殊公共物品来说，是既符合其公益性、变易性特征，又保证承诺可置信性、确立受体稳定预期的法律调节器。

---

① 王利明：《侵权行为法研究》，中国人民大学出版社 2004 年版，第 264—266 页。

二　宏观调控信赖利益保护的责任构成要件

衡量某一法律部门是否成熟，是否满足赫尔维茨意指的"可实施性"，是否能够成为威慑相关义务主体的机会主义行为取向的制度化装置，责任构成要件是一个核心指标。对于采取"外部视角"的司法机制来说，只有确定了可操作的责任构成要件，由此为司法人员配备了"操作指南"，才能以归责原则为轴心，公平、公正、有效率地在各方之间重新配置权利义务，将既定的法律责任追究从应然转变为实然，从"纸面法"转变为埃利希式的"活法"。①

在民法、刑法、行政法三大传统部门法中，无论是责任构成要件的制度构建，还是相关的学理积淀，皆已稳定成型，并且也从中发展出一些颇有广谱性的责任构成要件模式。这些模式，对于包括经济法在内的现代法律部门来说，当然具有相当的借鉴意义；同时，以经济法为代表的现代法律部门与生俱来的社会性、整体性又对既有的责任构成要件模式提出了崭新的挑战，提供了有助于责任理论增量生产的难得的学术富矿。② 因此，以宏观调控信赖利益保护为切入点，构建出既汲取现有责任构成要件模式的普适性成分又能够充分展现经济法现代性、整体性、社会性特质的宏观调控信赖利益保护责任构成要件，

① 沈宗灵：《现代西方法理学》，北京大学出版社 2012 年版，第 210 页。
② 关于制度实践对于知识增量产出的意义，参见陈剑波《乡镇企业的产权结构及其对资源配置效率的影响》，《经济研究》1995 年第 5 期。

对于宏观调控法以至于经济法的制度建设抑或是学理推进，都会有相应的正面效应。

（一）调控承诺的非正当性变更引致的损害事实

信赖利益保护是对调控违诺行为引致的一方获益、一方受损状态的矫正性重置，如果没有受体合法利益的负向改变，作为实现亚里士多德式的矫正正义工具的法律追责机制就缺乏介入当事人间博弈关系的正当性，这与法谚所说"无损害，无救济"的内在逻辑是一致的，信赖利益保护机制的启动必须以信赖利益丧失这一损害事实的存在为前提。

并非所有的损害事实均可作为责任构成要件，必须满足以下条件，才具备成为构成要件的资格。

1. 信赖利益损失与受体遵从调控的不可分割性

当调控政策工具是选择性规范而非强制性规范之时，受体享有是否遵从的自主决定权；如果受体对选择性的政策工具不予遵从，即使主体违诺，基于信赖的利益损害亦无从发生，无损害即无救济，信赖利益保护缺乏明确的指向客体。因此，能够作为责任构成要件的损害事实必须与受体的信赖预期、遵从调控的行为密不可分，双方之间必须建立起对应关系——损害必须是"相信承诺为真且已经遵从调控"的受体遭受的不利益，这是信赖利益保护的题中应有之义，更是信赖利益保护的目的使然。易言之，在调控主体非正当性变更调控承诺的情境下，受体因为信赖而已经做出了遵从调控的选择直接引发其信赖利益损失。倘若受体的利益丧失虽然与主体的承诺改变具有同一性或者在时间上继起，但受损的受体并未对承诺产生信赖预期，也并未有遵从调控之行为，这一损害与主体承诺改变之间就不存在因果链条，以之作为课责要件不但不符合法律追责的义理性要件，也很难对主体的行为选择起到激励调整的作用。

比如，为了调整优化我国产业结构，促进产业结构的及时升级，国家发展和改革委员会、商务部等有权调控主体发布《产业结构调整指导目录》《外商投资产业指导目录》，确定分别属于鼓励、禁止、限制范围的产业名单。与之相适应，作为市场微观主体的厂商将根据鼓励、禁止、限制的不同分类选择自己的投资方向和资金流向，以获得生产要素投入的收益最大化。[①] 从规则对人们的行为引导作用来看，显然，如果厂商仍然进入指导目录禁止进入的产业，那么其将要承受关闭、停业、转产或者是行政处罚的不良后果；如果厂商进入限制发展的产业，那么其将会在税收、信贷、土地使用上遭遇更高的进入门槛，或者是承受更为繁重的负担；如果厂商进入鼓励发展的产业，那么将会有一系列相配套的优惠措施降低其生产成本，或者至少在指导目录的有效期间内不需承担关闭、停业、转产、行政处罚的消极后果。按照趋利避害的"经济人"本能，欲获得优惠生产条件支持的厂商势必会选择进入指导目录鼓励的产业部门，并可以稳定地预期，自身所进入的产业受到调控主体的鼓励，自己进入之后不会遭遇消极后果是可以合理地信赖的。但是，尽管没有宏观经济情势的重大变更，没有出现难以预料、不能克服的不可抗力或重大意外事件，有权调控主体还是在产业指导目录的有效期内一改对某类产业发展的鼓励承诺，将之

---

① 参见李晓华《产业组织的垂直解体与网络化》，博士学位论文，中国社会科学院，2005 年。

列入禁止进入的名录，这时，对于由鼓励承诺的非正当性改变引致的损害事实的判定应当注意界分以下不同情况：倘若厂商业已按照鼓励承诺的指引投资设厂，或者追加投资实施多元化产业战略，在原有的基础上拓展投资范围，已经以进入鼓励产业的形式表现其对产业调控政策的遵从，可以说，厂商是以自己的进入选择将信赖利益损害与对产业调控的遵从勾连起来，使得这类因关闭、停业、转产、行政处罚而生成的损失具备了宏观调控违诺损害的属性，从而得以进入宏观调控信赖利益保护的界域。倘若厂商只是知悉国家以指导目录形式体现出来的产业结构调整而没有将之作为行动指南，仍然按照原有的成本—收益筹算选择了不进入鼓励发展的产业，这时，无论鼓励承诺的肆意变更所带来的消极后果多么严重，并未进入的厂商与违诺所生的损失之间也没有相关性，这类厂商在经营期内遭遇的各种损失均不具有宏观调控违诺损害的属性，自然不能列入调控信赖利益保护的范围。相应地，并非因为进入鼓励产业而生成的损害也不能作为违诺责任追究的构成要件。

2. 信赖利益损害的确定性

不是尚未明确产生，仅有可能之虞，而是已然出现，客观上能够加以识别、认定的受体不利益才是追责机制意欲矫正的对象。信赖利益保护是通过损害填补来实现违诺收益与主体分离、改变主体违诺激励的，若损害尚未发生，填补功能则缺乏确定性标的——是否应该填补、如何计算填补额度均无可资操作的明晰标准，损害填补功能有可能丧失应有的公正、合理；更重要的是，主体承诺改变的可责性是以确定的损害事实为支撑的，舍此，主体的改变行为是否具有过错、过错程度是否足以使之承担法律责任就无法准确认定，即使该类行为具备可责性，其追责也只能留待其他机制来完成——归责基石的缺位使得过错推定无所附着，自然难以展开追责的后续步骤。因此，信赖利益损失必须是一个确定性概念。

（1）已经发生。信赖利益损害必须是在时间维度上的完成时，处于确定的已然状态，其指向只能是"向后看"，而非"向前看"。仍以上述的产业调控违诺为例，当调控主体缺乏正当理由肆意变更鼓励承诺时，只要违诺之时作为调控受体的厂商尚未进入鼓励发展的产业，尚未为进入该受鼓励产业开始投入资本、劳动力和原材料等生产要素，尚未以自己的投资活动表现出对产业调控政策的遵从，那么，无论当时曾经有过如何强烈的产业进入打算，对于这类厂商来说，因为鼓励承诺改变，进而关闭、停业、转产和行政处罚引致的损害都不是一种已经发生的实然状态，不能成为信赖利益保护请求权的基础。如果有权调控主体在利益集团的游说下，为了部门"设租"①，曾经有过在产业指导目录的有效期内变更鼓励承诺的打算，并且这一打算已经在部门内部的"吹风会"有所透露，但是最终基于全盘考量还是放弃了违背承诺的原初计划，那么即使"吹风会"的内容已通过种种渠道被部分进入受鼓励产业的厂商获知，这类厂商同样不能以原本可能发生的违诺行动将会给自己带来损害为由请求信赖利益保护——因为，违诺计划的终止取消了违诺损害的现实可能性，使之处于一种未曾发生的"虚"状态，

---

① 参见［美］詹姆斯·M. 布坎南《同意的计算——立宪民主的逻辑基础》，陈光金译，中国社会科学出版社2000年版，第310—314页。

宏观调控信赖利益保护的责任追究便失却了具体可感的指向对象，而失却了指向对象的责任追究无异于无本之木、无源之水。

（2）客观存在而不是纯主观感觉或臆想。比如，某纳税人平素非常关注国家对出口退税率的调整变动，并从较长时期的观察中积累了一些相关的个体经验。由于1994年税制改革以后出现了大量骗税等情况，因此国家在1995年两次决定大幅度调低出口退税率作为调控，但是这一举措对出口产生了一定的不良影响。为了刺激出口，缓解亚洲金融危机的冲击，保持经济的较高增长率，国家多次调高部分商品的出口退税率。2003年，又开始调低出口退税率。① 根据我国上述曾经出现过的出口退税率调整实践，该纳税人结合自身体验，"推测"出国家近期将多次调低出口退税率。于是，其以纯粹主观感觉或臆想的出口退税率即将频繁变动为依据，认为自己基于合理信赖的退税请求权将受到侵害，进而合法的财产权利受到损害，由此具备了法定理由获得宏观调控的信赖利益保护。尽管我国确实采取过出口退税率多次变动的做法，但是，该纳税人近期的退税请求权受到侵害并不是一个实然状态的事实，它只存在于个体的自我推测和主观设想之中，只是一种非客观的或然性趋势推断。因此，如果受体仅凭自己对宏观经济信息的"预测"而推断到调控承诺调整将可能引起其收益下降，然该不利事实客观上并不存在，则不能将受体的这类"猜想"作为追责的损害事实基础。

（3）能依据社会普遍观念和公平意识予以认定。由于不同

---

① 张守文：《经济法理论的重构》，人民出版社2004年版，第380页。

调控博弈参与者的效用函数与偏好不同，同一事实对各自的意义亦不同，甚至极有可能出现"甲之熊掌，乙之砒霜"的歧异格局。作为责任构成要件之一，损害事实的判定必须具备较为客观、统一的基准，必须从不同调控博弈参与者对信赖利益损害的判断中抽象出共性要素，以此形成对损害事实的共同认知，不至于因为"人言人殊"而导致各持己见，聚讼纷纭。社会主导性的公平观念与公平意识是使得不同博弈参与者对损害事实形成认知交集的核心因素。在社会普遍观念和公平意识的框架限定下，一些对于个体而言损失惨重的事实并非调控违诺责任追究的构成要件，不足以支撑个体的权利救济请求。典型的如，中国人民银行曾在新一年度宣布将按照中央经济工作会议的部署，实行适度宽松的货币政策，以此增加货币供应量，加快货币流通速度，拉动内需，刺激消费，促进经济稳定增长。某股票投资者据此信息推断，由于银根放松，流入股市的资金将有可能大为增加，股价因之上涨，于是将全部资金投入股市。不久，央行又宣布为防止经济过热，实施适度从紧的货币政策。因流入股市资金骤减，股价下跌，该投资者的股票收益减少。那么，这一预期收益减少的事实是否属于作为责任构成要件之一的损害事实？非也。原因有二：首先，在普适的社会公平正义观看来，证券市场属于极其不确定的高风险领域，除非出现欺诈、内幕交易、信息披露严重不实等重大情形，否则投资者应当风险自担——频频见诸各类媒体的"股市有风险，投资需谨慎"之告诫生动体现了社会主导公平观念对证券投资损失的基本态度，其不属于合法权利或利益受到外部不法侵害的、责任构成要件意义上的损害事实。其次，央行依照法定程序变更其将实施宽松货币政策的承诺出于适应宏观经济情势变化所需，不违背社会关于承诺改变正当、公平与否的认知，投资者的投资收益减少即使与其有时间上的连续性，也不属于本书意指的、可以作为调控责任追究基础之一的损害事实。

3. 信赖利益损失是侵犯合法利益的、直接的财产性结果

信赖利益保护是对主体因违诺而非正当获益的减损，是对受体缺乏合法性基础的利益损害之填补，目的是恢复双方利益对比关系的正当性。作为矫正的基础，能够成为损害事实要件的利益减少必须是合法状态的破坏，即主体侵害的是受体的合法利益而非其他，如此，矫正机制——信赖利益保护追责介入其中，方能借助反向作用力抵消、减弱受体的当下不利益状态，使之恢复原状。如果承诺改变所减损的利益本身为非法，按照矫正机制"反向作用"的原理，则追责的最终结果是复归原初的否定性状态，有悖于信赖利益保护作为矫正机制的根本旨趣。当其已为调控遵从行动时，受体可能因为承诺改变减损合法利益，也可能减损非法所得。比如，由于主体改变国债可回购的承诺，购买国债的受体可能会因为国债无法上市交易，失去买入与卖出之间的差价收益；也可能因为国债回购性取消导致潜在消费者减少，从而在非法交易渠道售出的份额下降，减少其源自地下交易市场的可得非法收益。① 这时，前者才是信赖利益保护追责意欲矫正的对象，后者不能纳入信赖利益保护的范围，不能成为责任构成要件。

同时，为保证损害的客观、明确和易于计量，其必须是直

---

① 参见张小彩《谢百三诉财政部升级高法》，《财经时报》2002 年 7 月 5 日。

接的财产性结果，而与承诺改变之因果关系较为疏远的、不易计量的间接的精神性损害等则不仅因其额度、边界不易划定不宜作为责任构成要件，更重要的是，在宏观经济情势复杂多变且调控以公共利益为本位的现实约束下，急于扩张信赖利益保护范围将很可能不恰当地提高主体实施调控政策的行动价格。比如，由于产业调控中鼓励承诺的非正当性改变，业已进入原本鼓励发展产业的厂商既因为该产业由鼓励变为禁止而遭受关闭、停业、转产、行政处罚引起的财产损失，也会丧失因在该产业中成功经营、绩效喜人的成就感、满足感，或者是作为成功企业家的创业自豪感等精神利益。尽管其不违背受保护利益的合法性要求，并且我国侵权行为法中已有精神损害赔偿的规定与相关实践，但是，宏观调控信赖利益保护只能将因关闭、停业等引起的财产损失作为追责的事实基础，而不能将追责建立在这类不易计量的精神损失之上。

（二）调控主体违背诚实信用的法定义务

在微观民事博弈互动中，诚实信用、"允诺禁反言"即是稳定当事人预期、保证交易安全、维护交易秩序的基准性法定义务（不容许当事人以协议的方式规避），更遑论在双方力量对比极为悬殊的调控主体和调控受体之间。在公权力的支持下，加之宏观经济走势内生的波动性，前者往往享有宽泛的自由裁量权，以此对调控措施做出种种相机型安排；后者一般只能对授权型调控措施采取遵从或不遵从的对策。如果其信赖调控承诺而遵从选择，在调控领域尚未建立信赖利益保护机制的情境下，一旦承诺非正当性改变，其将很难获得权利救济作为抗衡调控主体滥用自由裁量权的强力维度。因此，在力量对比极为不均

衡的主体和受体互动中，注重强势一方的社会公信力，将其诚
实信用确立为法定义务，殊为必要和紧迫。由此出发，当受体
基于公定力、确定力的认知而对主体做出的公权力行为——调
控承诺产生信赖，并据此信赖安排、调整其生产、生活之时，
主体肆意违背调控承诺、违反诚实信用的法定义务即是继损害
事实之后的另一调控违诺责任构成要件。

1. 调控主体的忠实义务

毋庸置疑，担负着物价稳定、经济增长、结构优化、总量
平衡之重任的调控主体是国民经济持续、健康、稳定发展的关
键力量，是社会整体利益、国家经济安全的"守护者"。借用卢
梭的社会契约理论考察之，调控主体与受体之间博弈互动的根
本问题就是"要寻找出一种结合形式，亦即那种能以整体的共
同力量来保护和捍卫每个结合者的财富的结合形式，而且在这
结合体中，每个人在与所有其他的人相结合的时候仍服从他自
己的意志，而且仍像以往一样自由"。① 在这种个体正当利益必
须获得保护的结合形式下，调控受体在隐喻的意义上等同于把
维护自身经济利益的自然权利通过缔结广义的社会契约让渡给
了整个社会，以获致自身的经济、财产安全。

在应然层面，社会承接了调控受体的权利让渡，是其权利
及利益的受托方；但其并非是有着自身决策力、执行力、反思
力的行动实体，无法借助行动能力展开对由个体经济利益整合
而来的整体经济的维护与促进。要想将受体与社会之间的"权

---

① ［法］让·雅克·卢梭：《社会契约论》，杨国政译，陕西人民出版社 2004 年版，
第 68—69 页。

利让渡—利益保护"的广义契约从隐喻创造性地转变为可操作，就必须要有行动实体代为履行受托义务——从国家的长期政治实践来看，具备代表社会之资格、能力的行动实体即是政府。循此，作为政府组成部分的调控主体遂与调控受体建立起"权利让渡—利益保护"的公共信托关系。按照公共信托的内在逻辑，调控受体是将权利让渡出去的委托方，调控主体则是承接权利让渡的受托方，受体是权力的根本源泉和最终所有者，主体享有的包括宽泛裁量权在内的调控权力为其赋予，是其委托、让渡的结果。

作为受托一方，主体行使调控权力必须以受体的利益保护为终极追求——主体不得将自身的部门利益置于受体利益之上，或者用狭隘的部门利益置换受体的合法利益，抑或是被利益游说集团"俘获"而为此侵害受体合法利益。落实到宏观调控信赖利益保护的具体场域，就是决不能为追逐部门私利而借宏观经济情势波动之名，行肆意违背调控承诺之实，将受体的整体利益"悬置"一旁。在不少国家的宏观调控实践中，利益集团的游说活动在一定程度上影响了调控措施在时间序列上的一致性。常见的有，当调控主体承诺鼓励其发展的产业恰好与某利益集团进入的产业形成竞争关系之时，为维护自身的产业垄断优势，该利益集团很可能会以提供资金支持、政治支持等作为回报，换取调控主体对鼓励承诺的变更，从而在产业的政府支持力度上将对手放逐于竞争劣势境地。如果调控主体承诺禁止或限制其发展的产业恰好与利益集团进入的产业处于同一生产链，特别是前者属于后者的上游产业——比如原材料、燃料供应产业，为了降低生产要素的投入成本，该利益集团则很可能说服调控主体改变原初的禁止或限制承诺，以便获得价格低廉的生产要素供应。① 因此，基于公共信托关系的忠实义务约束，调控主体在任何时候都必须以借助社会整体利益体现出来的受体利益，随时将受体的整体利益置于首位，不为部门私利、利益集团"寻租"而肆意变更调控承诺，违背业已成为公权力部门行动准则的诚实信用原则。唯有如此，卢梭式的"在市民社会，个人不服从任何其他个人，而只服从公意，即社会意志"的目标追求才能在宏观调控场域实现；唯有如此，卢梭期盼的"权力就意味着执行公意。权力拥有者绝不能有任何与公共利益相反的利益。每个个人在服从公意的同时也就是服从他自己，因为个人的意志已经消融在公意之中。在人们根据社会契约建立国家的时候，公意乃是经由所有公民的一致同意来表达"② 才能经由调控政策在时间序列上的一致性获得鲜活的生命，而不仅仅是故纸堆里的冰冷政治教条。

2. 调控主体的谨慎义务

宏观调控承诺的非正当性变更并不皆由调控主体有意违背忠实义务而起，主体在调控过程中的注意程度、谨慎程度亦会在相当程度上影响着主体对宏观经济走势的正确判断，进而影响调控措施能否保持时间序列上的一致性。作为判断行为人履行注意或谨慎义务的常用标尺，民事活动中的"理性人"标准是否适用于调控主体注意或谨慎程度的衡量？

① 参见李晓华《产业组织的垂直解体与网络化》，博士学位论文，中国社会科学院，2005 年。

② ［法］让·雅克·卢梭：《社会契约论》，杨国政译，陕西人民出版社 2004 年版，第 70 页。

英美法系中民事活动的"理性人"即大陆法系的"良家父"，意指以普通理智之人（reasonable person）的理性能够认知和判断的标准。正如赫伯特伯爵在评论这一标准时所形象地指出的那样：

> 理性的人总是替别人着想，谨慎是他的导向，"安全第一"是他的生活准则。他常常走走看看，在跳跃之前会细心查看一番；既不会心不在焉，也不会在临近活动门或码头边还沉浸在冥想之中；他在支票根上详细记录每一件事，并且认为是很有必要的；他从不跳上一辆奔驰的公共汽车，也不会在火车开动时从车里走出来；在施舍乞丐前，总要细心打听每个乞丐的底细；抚弄小狗时，总是提醒自己别忘了习性；若不弄清事实真相，他绝不轻信闲言碎语，也不谣传；他从不击球，除非他面前的人确实已经将他的球穴弄得空无一物；在每年的辞旧迎新之际，他从不对自己的妻子、邻居、佣人、牛或驴提出过分的要求；做生意时，他只求薄利，且要有像他这样的 12 个人都认为是"公平的"，而且他对生意伙伴、他们的代理人以及货物所持的怀疑和不信任也是在法律认可的程度之内；他从不骂人，从不赌博或发脾气；他信奉中庸之道，即使在鞭打小孩时他也默想着中庸之道；他像一座纪念碑矗立于我们的法庭上，徒劳地向他的同胞呼吁，要以他为榜样来安排生活……①

---

① ［美］罗伯特・D. 考特、托马斯・S. 尤伦：《法和经济学》，张军译，上海三联书店、上海人民出版社 1994 年版，第 455—456 页。

尽管赫伯特伯爵对"理性人"的形象描述细致入微，几乎涵盖了日常民事生活的方方面面，并且对判定民事主体是否达到合理注意程度具有可操作的参照意义，但是，这一民事活动的常用标准并不适用于对调控主体之谨慎义务履行状况的考察，科学的方法应当是代之以较高的专家标准。①

与普通民事主体资格的获得不同，调控主体的资格特别是作为调控主体的人格化体现——有权调控部门的权力行使者的调控权力并非与生俱来，而是必须经由严格的专业知识或技能训练和组织程序甄别、筛选方可获致。由其制度角色和专业比较优势所决定，调控主体已经从一般"理性人"的行列被分离出来，置于一个社会整体经济利益守护者应当具有的高层面的谨慎义务之上。易言之，调控主体应当在自身的职能分工和知识优势的基础上谨慎地判定调控承诺是否需要变更，如需要变更，必须能够以足够的职业谨慎确证在当时的经济情势下承诺改变最有利于保护调控受体的整体利益。基于法定资格、专业技能以及调控承诺的公定力和确定力，调控受体必然会对主体的举措产生合理信赖，在其看来，主体乃是因公众信赖、法定职能而负有诚实信用义务的专家，自然要承担与其制度角色相一致的职业或专业谨慎责任。

从其职任出发，我们不难推定，调控主体必须以公众期望的职业谨慎或注意程度保证宏观调控的必要稳定性，只有其达到了该制度角色因专业水平和经验而应当具有的谨慎或注意程

---

① 关于专家标准，参见程啸《论医疗损害民事责任的性质》，http：//www. civil-law. com. cn/qqf/weizhang. asp？id＝8298#m9，最后访问时间：2007 年 12 月 10 日。

度，才能被视为尽到了宏观调控领域内的合理注意义务，这里运用的是职业客观标准。在这一专业视角下，调控主体的角色是公共性、公益性的，不是微观民事活动中的一般主体，只需尽到"理性人"的注意或谨慎即可。由于调控主体的博弈相对方是为数众多的调控受体，其调控措施则是一种以专业技能和国家能力方可提供的公共物品，这一物品必须服务于全体调控受体。因此，当主体在其调控职能（professional practice）的行使过程中未能履行专业谨慎义务，由此错误地变更了调控承诺，那么，其举措就会被认定为因专业谨慎程度之阙如或不达而导致诚信义务被违反，并因此成为追究调控违诺责任的行为基础。

3. 违背诚信之法定义务作为责任构成要件的信息经济学意义

在侵权行为法中，比较流行的观点认为不需要将行为的违法性作为独立的责任构成要件。其一，法律的规定往往只能针对一般情况而很难针对行为人致人损害的个别情况来做出规定，因而违法行为作为责任构成要件，并不可能考虑到行为人致人损害的特定情况。其二，由于侵权纠纷错综复杂，各种致人损害的行为难以用违法性标准进行判断，若采用该标准，极易使许多致人损害的行为人因其行为的违法性难以确定，而使其被免除责任。其三，随着现代生活的发展，有许多新型的行为本身并无违法性，但因其造成他人损害，从保护受害人角度考虑应使行为人承担一定的责任。[1] 但是，对于宏观调控的信赖利益保护，承诺改变的违法性——调控主体违背诚实信用之法定义

①　王利明：《侵权行为法归责原则研究》，中国政法大学出版社 2003 年版，第 423 页。

务却是不可或缺的。

首先，这一要件的确立实际上为判断调控主体是否有过错提供了有效率的客观标准。诚如狄骥所言，内在的意志不是一种社会的行为，它因此就不可能在法律的世界中有任何反响，主观状态往往抽象模糊，缺乏明确的衡量标尺，没有可供把握的外观形式，因此，如果不依托法定的行为载体，从行为的"信号显示"（signaling）功能中推断主观状态，很可能会导致"诛心"或"出入人罪"，使得损害与责任不一致、损害与救济不一致。宏观调控是不确定性较高的领域，无论计划、财政、税收、金融、产业，都有诸多变量会对调控措施安排产生扰动。在这一内生型波动的约束下，"逆风向而动"的正常经济调节容易与追逐部门私利、为利益集团"设租"纠缠交结，无须改变调控承诺的边际微小扰动很可能与不变更承诺将产生严重损失的重大扰动相伴相生，仅仅凭借纯粹主观状态上的故意、过失很难将非正当违诺与正常的承诺变更界分开来，肆意违诺的调控主体也很容易因主观状态认定的模糊性而成功规避责任承担。与之形成对照的是，在是否违反法定诚信义务的客观认定标尺下，调控主体的责任追究将会有一个可操作性较强的工具。比如，对于"核心规范"来说，如果调控主体不能证明变更承诺之际发生了法定的重大意外事件，那么，可以判定其违反了忠实义务层面上的诚信规定；如果调控主体虽然能够证明承诺变更之际发生了法定的重大意外事件，但是无法证明意外事件的性质、作用力、影响范围等足以要求承诺变更，那么，可以判定其背离承诺是源于未能尽到专业谨慎，因职业疏忽导致对随机事件的错误认知，违反了谨慎义务层面上的诚信规定，使得对于主体的违诺追责不至于因为主观状态的模糊性而出现"脱法"的局面。

其次，这一要件的确立实际上为判断调控主体是否有过错提供了公平的客观标准。调控受体遭受的损害形态各异，种类繁多，引起损害的原因亦是各不相同，不一定皆由调控主体肆意违诺而起。倘若是效仿侵权行为法的制度设计，注重对受体遭受损害的个别性、特殊性考虑，不把调控信赖利益保护指向的损害限定在因主体违背诚信义务而起的范围之内，那么，对损害事实认定的模糊性、泛化就很容易扩大调控责任的承担范围，给主体的调控行动设置了过重的负荷。宏观调控是体现国家能力的特殊公共物品，关涉经济增长、结构优化、总量平衡、国际收支均衡等诸多国计民生指标，事关重大，影响深广，其提供者——调控主体自然是"任重道远"，个中所需运用的知识、智慧、经验、魄力甚至治理艺术都远非一般的行政行为能望其项背。按照宏观调控的专业逻辑，既不能对之不予约束，对其诸如肆意违诺之类的滥用裁量权行为放任自流，亦不能任意拓展责任承担边界，产生过度的阻吓效应，以至于在过重的责任负担面前对本应积极作为的调控事宜"不敢为"，直接影响调控绩效。如果说侵权行为法关注的是将违法行为作为责任构成要件会对受损一方有保护不周之虞，那么调控信赖利益保护则是既要考虑对受体的合理信赖保护，又要避免对主体造成因责任过重带来的不公平，科学的违诺责任建构应当是二者之间的有效均衡。作为责任构成要件之一，是否遵守诚实信用的法定义务相当于为调控主体在变数较多的调控领域划定了清晰的行动边界。

（三）调控承诺非正当性变更与损害事实之间的司法因果关联

作为一种概然性推论①并且是责任分配关键的因果关系，受体利益损失与主体承诺改变这两个现象不能仅仅表现为时间上的继起，而是要在满足一般因果关系定义"普遍、内在、本质联系"要求的同时，在司法实践中可以借助当下的事实探知手段予以有效识别。并且，任何追责活动"都是一个实现特定社会目标的过程，其最终指向是社会的而不是哲学的"，所以，确定因果关系要件时，既要着眼于既有的信息费用刚性约束，又要以追责意欲达致的社会目标为指南。在这个意义上，这一确定因果关系的进路是与波斯纳的如下洞见相一致的：

（将）现代哲学关于因果律的一系列文献联系起来（看），这些文献认为一个现象发生的原因是这样一些必要的或者是充分的先前条件，是相对于用来确定因果关系的理由中最有意义的。化学家也许会将失火归结为空气中有氧气存在；消防警察会将之归结为没有遵循某些防火规则。因此，一个人在谈论法律中因果关系的意义时，他必须懂得该法中确定因果的目的。如果其目的是为了促进经济效率，那么如果要求被告对伤害后果负责会促进资源的有效率的分配，他的行为就会被视为该伤害的原因。如果被告改变行为也不能促进这种效率，那么这一事故的原因就会归结为"不可抗力"（act of God）或其他一些无法落实责任的力量。②

---

① ［英］休谟：《人性论》，关文运译，商务印书馆 1997 年版，第 89 页。
② ［美］理查德·A. 波斯纳：《法理学问题》，苏力译，中国政法大学出版社 2002 年版，第 232—233 页。

1. 宏观调控领域的信赖利益保护实行概然性因果关系推定

以信息经济学的效率视角来看，信息本身的特征是影响证明责任分配进而影响因果关系认定方式的构成性维度。按照共享程度的高低，信息可分为专业型（specific information）和常识型（common information）两类。所谓专业型信息，是具有自己独特的范畴、定义、方法，对其正确解码必须具备达致临界点的知识存量和相关参照系，共享程度较低（通常只限于特定群体）的信息。① 以此观之，有关调控政策制定、执行的信息多属前者，具有浓厚的专业技术色彩：其以财政、金融、货币三大工具的基本原理为基础，根据经济周期的循环变动，交替运用扩张型和紧缩型的财政手段——转移支付、政府采购、税率变动，以及央行三大法宝——调整法定准备金率、再贴现率、公开市场业务等技术工具，其间关涉大量宏观经济学专业知识。另外，对于启动信赖利益保护机制的普通受体来说，在分工深化条件下对具有特定专业解码规则的"他者"的认知程度，又决定了其对主体承诺改变是否具有正当性的辨识能力——专业分工语境中的个体知识接受机制将导致其在应对宏观调控信息浓重的技术特征时有可能处于劣势地位。能否对调控专业信息正确解码，关键取决于"对问题的熟悉程度"②，而熟悉程度又是由个体信息存量和信息结构决定的。从纵向发展来看，在分工程度日益加深的现代社会，每个人知道越来越多关于越来越

---

① 参见［美］伯·霍尔茨纳《知识社会学》，傅正元、蒋琦译，湖北人民出版社1984年版，第29—35页。

② 参见［美］理查德·A. 波斯纳《超越法律》，苏力译，中国政法大学出版社2001年版，第588页。

小的事情①；但从横向发展来看，专业化已经成了重要的无知之
源，甚至"在很大的人类知识领域中，我们每个人都是傻
瓜"②，所以，任何个体的信息结构都不是全涉性的，必将根据
不同的职业背景、知识结构等因素各有侧重。同时，鉴于专业
调控信息的进入壁垒，普通调控受体亦很难仅仅凭借一般的社
会体验、零星阅读就能对之精准把握；即使受体为缩小与调控
主体之间的信息鸿沟，有意识地努力拓展自身信息集的边界，
其预期绩效的实现也非常需要时间的专门性投入甚至是倾斜性
配置。随着各类职业活动集约化程度加强，普通受体也越来越
难以从中抽身去从事其他时间密集型的活动③，机会成本的增大
导致受体很难有足够的激励把日显稀缺的时间资源配置到对专
业宏观调控信息解码——这一时间密集型活动——的准备学习
中去。更何况，其学习效果还要受到学习者的知识存量、既有
学科背景等诸多不确定因素的制约。与调控职业群体相较，受
体对宏观经济信息的敏感程度、获取能力和理解能力均相距悬
殊，其很难对主体承诺改变正当与否进行准确的分离与识别；
而由知识存量、专业参照系以及发现工具的共享性或互适性决
定，调控主体无论是对需要系统训练方可获致的编码化知识，
还是在调控专业实践中依靠"干中学"积累起来的意会知识，
都有更多的解码优势和理解默契。

---

① 参见 Becker, G. S. and K. M. Murphy, "The Division of Labor, Coordination Costs, and Knowledge", *Quarterly Journal of Economics*, Vol. 107, No. 4, 1992, pp. 1137 – 1160。
② ［美］理查德·A. 波斯纳：《正义/司法的经济学》，苏力译，中国政法大学出版社 2002 年版，第 150 页。
③ 参见［德］M. 韦伯《支配社会学》，康乐、简惠美译，广西师范大学出版社 2004 年版，第 114 页。

这样一来，倘若沿袭过于严格的传统因果关系认定模式，调控信息强烈的专业化特质与普通受体因社会分工形成的信息结构就决定了调控主体在因果判定的过程中将控制关键的信息通道，其可以据此优势信息地位，很便利地利用诸如头寸、产业链、IS－LM 曲线①之类的技术术语模糊因果关系的情境特征，控制所需信息的数量、质量和传播方向等多个维度，通过调控信息的裁剪、筛选或者包装，使其中包含的违背忠实或谨慎义务的事实得到难以为司法"外部视角"察觉的巧妙屏蔽。大部分受体将由于无法达致如此严格的证明标准而被排除于信赖利益的保护范围之外。

因此，在调控违诺的责任追究中，类似于美国法官欧利在司可达一案中所指出的："如果当时的情形，是由被告或其仆人的管理之下，如果被告或其仆人加以相当注意，这种不幸的事实就不会发生，则在此情况下，除被告予以解释之外，被告或其仆人的不注意行为就成为原告的损害是由被告欠缺注意所致的合理证据"②，受体损害事实与主体承诺改变之间应当采取因果关系推定的做法——"因果关系存在与否，无须严格的科学检验，只要达到概然性举证就够了"，只要"如无该（承诺改变）行为，即不发生此（信赖利益受损）结果"，即可认为有因果关系。③ 在概然性推定模式下，受体的证明义务缩减为：（1）证明自身损害已经发生；（2）证明承诺改变行为如不发生

---

①　［美］鲁狄格·多恩布什、斯坦利·费希尔：《宏观经济学》，冯晴、刘文忻等译，中国人民大学出版社 1997 年版，第 96 页。

②　王利明：《侵权行为法归责原则研究》，中国政法大学出版社 2003 年版，第 79 页。

③　同上书，第 83 页。

条件下己方将不受损失或应当获利的状态，以便与主体和受体间的信息能力对比关系相适应。特别地，如果因调控违诺引起的损害事实越确定，在采取因果关系推定的条件下，"则过错的推定程度越高，而对于被告来说，他要举出反证，证明自己没有过错则越困难，从而使他距离责任就越近"①。借助因果关系推定的倾斜性保护，主体和受体之间不对等的博弈地位得到一定程度的矫正。

2. 致损原因的直接性与关联链条的长度限制

事务之间的联系是普适的，各时间上继起的现象既可能直接相关，也可能需要借助其他中间环节才能发生间接关联，必然和偶然的因果关系形成黑格尔所说的"辩证统一"。正如法学因果关系研究所表明的那样，一个人犯杀人罪可能是由于父母离婚，由此造成了家境贫寒，从小无人管教，受人歧视，因此误入歧途，最终杀人犯罪。在这里，每个原因都可能是另一个或诸多原因的结果；如果不断追寻因果关系，则无法判定法律责任。法律必须在某个地方切断这种因果链，仅仅考虑或着重考虑这其中某一个因果关系，并以此为基础确定责任的分配。②法律对因果关系的认定总会受到社会各类因素的制约。因此，在一方利益减损的事实上可能出现直接原因与间接原因共存导致的"一果多因"现象。若将与受损事实有任何程度勾连的决策、行动均纳入考察范围，那么，其将与受损事实形成相当长的关联链条。各类相关元素在链条中与作为端点的受损事实间

---

① 王利明：《侵权行为法归责原则研究》，中国政法大学出版社 2003 年版，第 79—80 页。

② 苏力：《制度是如何形成的》，中山大学出版社 1999 年版，第 109 页。

隔距离不一，对损害结果的发生具有权重不同的影响；而各元素的所处位置、权重并非先验给定，毋宁说是情境——受损事实的特征、相关行为所属类别以及行为实施时的社会、经济形势等决定了受损事实与相关行为间能否建立必然联系。由是观之，在宏观调控领域，仅以受体受损的事实与承诺改变行为在时间上的继起来证成二者之间的因果关系是不充分的，在不同的宏观经济走势下，承诺改变与损害事实距离各异，甚至相去甚远，以至从诉讼的视角来看，确立双方的因果关系不具有司法可行性。比如，1998 年亚洲金融危机后，有韩国公民以其可见的个体财产损失为由，起诉韩国央行行长、财政部长应对危机所做的宏观经济决策。然韩国法院驳回起诉。[①] 其实，尽管该公民的个体损害确实发生在韩中央政府调整甚至彻底改变既往的调控政策承诺的同一期间，但是由于金融危机这一极为特殊因素的介入，承诺改变行为在关联链条上的位置即大为推后，甚至在司法意义上可以从关联链条中排除出去。复旦大学教授谢百三诉财政部一案则与此不同。谢百三案件中，当时的宏观经济形势并未蕴涵充分的不可抗拒因素以至财政部必须改变国债可以回购的承诺，取消其上市交易，这一改变缺乏由社会整体福利、效率等可欲维度支持的正当基础，因而无法后推其在关联链条上的位置——在当时情境的限定下，可以说，如果没有财政部的可回购承诺改变，已购买国库券的谢百三就不会遭到流通冻结的可见经济损失，承诺改变是谢百三遭受损失的司法意义上的直接原因。所以，为追责的效率和可操作性计，应

---

① 邢会强：《宏观调控权运行的法律问题》，北京大学出版社 2004 年版，第 77 页。

以承诺改变的当时情势为参照，将距离最近、权重最高、影响最为直接的因素作为承责依据。

关联链条的长度限制也可以在信息经济学的支持下解释为何是将调控的执行行为而非调控政策的制定行为纳入司法审查。目前，经济法学界有意见认为调控行为不具有可诉性，其根本原因在于调控的国家行为性质。其实，不可诉的根源更在于大部分的调控政策制定行为难以通过现有的认知手段测定，核实其对于受体损害发生是否确实产生影响、影响程度几何，在司法运作的视角下，其与损害事实之联系就过于疏阔迂远，无法在双方间建立直接的因果关系；相形之下，政策工具是否按原初承诺执行是更可观察、更可验证的信息，其调整、改变在关联链条的位置也更易确定。因此，可行的司法安排可以通过截短关联链条，按照行为影响的直接程度来筛选致害原因，避免因信息费用过高导致责任分配不公的尴尬。

（四）宏观调控承诺变更的抗辩事由

基于宏观经济内生性的周期变易，有效率并且公正的调控违诺责任构造应当是既能有力约束主体滥用自由裁量权的行为、稳定受体预期从而促成其采取遵从调控引导的合作式回应，又不至于对主体必要的调控裁量权附加过重的责任负担，设置不合理的行动成本，造成"非不能也，实不为也"般的消极不作为。有鉴于此，在构设调控主体违诺责任承担的判定标准的过程中，也要充分虑及宏观经济运行周期变易的内在规定性，为足以正当化调控承诺变更的各类相关抗辩事由预留足够的制度空间，保证宏观调控的有序进行。

1. 宏观调控的周期变易

如果我们对宏观经济运行态势进行考察，不难发现这样的事实：经济总量的变动往往是起伏不定的，有些时期的总产出处于上升趋势，而经过一段时间，又表现出下降的走势，其后再次出现上升趋势。这一上升与下降以及随之而来的扩张与收缩、繁荣与萧条、高涨与衰退交替出现的现象即为扰动宏观经济运行均衡性的经济周期。

无论是康德拉季耶夫周期、朱格拉周期，还是基钦周期①，亦无论是经济系统外部力量冲击引起的周期，还是由投资、消费、货币等经济系统内部因素引起的周期，其都具有以下的共同特点：一个周期包含许多经济领域在差不多相同时间发生的扩张，跟随其后的是相似的总衰退、收缩和复苏，后者又与下一个周期的扩张阶段相结合，这种变化的序列是反复发生的，但不是定期的；其持续时间从 1 年以上到 10 年、20 年不等。②作为宏观经济运行过程中的波动现象，经济周期是经济变量对经济增长过程中的一般趋势的一种偏离，经济周期使得宏观经济走势从扩张的高峰到收缩的低谷，再从低谷到扩张的高峰，依次出现繁荣、衰退、萧条、恢复等阶段，并且循环往复、周而复始，呈现出周期变易的显著特征。

与之相适应，宏观调控措施安排亦会具有一定程度的周期变易特点。为熨平经济周期，当经济萧条之际，调控主体采取

---

① 参见胡代光主编《西方经济学说的演变及其影响》，北京大学出版社 1998 年版，第 488—498 页。

② 参见［美］戴维·罗默《高级宏观经济学》，苏剑、罗涛译，商务印书馆 2003 年版，第 189 页。

积极扩张型的财政、货币等政策，以刺激消费，拉动内需，扩大生产，推动宏观经济增长；当经济增长过热，调控主体则采取紧缩型的财政、货币等政策，以抑制因经济过热引致的泡沫现象。上述适时调控本身就是对宏观经济态势周期变动的积极回应，其是根据经济情势变化的特性来做出适应性应对的，由调控对象本身的内在特质所决定，作为回应的调控措施安排自然也会沾染周期变易的色彩，只不过双方运行的方向相反而已。

2. 作为抗辩事由的"变量规范"

宏观调控是一种事关国计民生的特殊公共物品，对社会整体经济安全和受体的重大财产权利都有着非同寻常的影响。因此，如欲真正在这一领域实现循法而行的"规则之治"，保证受体合法权利或利益不受强大的调控权力之侵害，则必须落实"调控法定原则"——包括预算法定原则、税收法定原则、国债法定原则、货币法定原则等，规定具有较高稳定性的核心实体和程序规范。按照此类"核心规范"做出的调控承诺，在执行阶段非有重大情势变更或不可抗力，不得变动。与此同时，由宏观调控的内生性周期变易所决定，在该领域的规则设计中也必须充分观照到变动因素，赋予调控主体适当合度的自由裁量权，在稳定性较高的核心制度外围设定具有一定灵活弹性的"变量规范"，应对调控过程中种种难以预期的不确定情形。按照此类"变量规范"做出的调控承诺，因其本身即为应对经济情势波动变易而生，所以调控主体对其是否在执行阶段予以变更享有一定的裁量权。特别需要指出的是，"变量规范"的设定并不意味着主体可以对调控措施肆意而为，相反，附着于"变量规范"的调控措施仍然要受到法定主义的程序性制约，其变更须经有权机关同意或批准①；另外，还必须通过行政规章、各新闻媒体履行公告义务，确保调控受体的知情权，便于其根据调控措施的变易及时调整自己的决策安排。依"变量规范"做出的调控承诺在执行阶段按照法定程序做出变更，调控主体不需要承担违诺责任。如果在并非形势紧急的情况下，调控主体无视法定程序，肆意变更以"变量规范"体现的调控承诺并造成重大社会后果，则需追究调控主体的违诺责任。因此，"变量规范"在满足法定程序的条件下可以成为抗辩事由。

3. 作为抗辩事由的重大情势变更和不可抗力

对于"核心规范"所涉及的调控措施安排，在执行阶段非有足够重大情势变更或不可抗力，不得变更。抗辩事由是阻却主体违诺责任承担的构成性变量之一，其通过自身的对抗力、反作用力来抵消承诺改变的负向效应，使主体的承诺改变得以充分正当化。因此，对于宏观经济变动来说，其反作用力必须强大到足以抵消承诺改变可责性的程度，方能成为有效阻却主体责任承担的法定抗辩事由。

虽然信赖利益保护机制的启动可能源于部分受损受体，然而由宏观调控的公共物品特质决定，承诺改变的损害计量远不应局囿于此——损害必将由于调控强烈的外部效应而广及全体调控政策遵从者。因此，较之民法上缔约违诺过失，调控承诺改变引致的损失即便是直接的财产性损失，亦应以整体而非局部作为计量依据，其负外部性的强度、广度均应以社会总体视角来考察。另外，改变政策制定之初的承诺，至少从形式上看

———————

① 张守文：《经济法理论的重构》，人民出版社 2004 年版，第 492 页。

是对政府行政决策行为公定力、确定力的公然背离，传递的是调控主体不重信誉、肆意反复的不利信息。作为社会公益代表者和公共物品提供者，政府最应树立忠诚、守信、勤勉之"善管义务人"形象，其因承诺改变遭受的信誉减等式的声誉性无形资产损失远甚于普通个体违诺。因此，按照"对等抵消"要求，能够成为免责事由的特殊情势必须具备社会效率、社会总体福利支持的充分正当性——既能抵消承诺改变导致的整体财产损失，又能抵消影响深远的公信力损失。易言之，只有发生了不可预测、难以预防、不采取偏离调控承诺策略则不足以保证国民经济正常、良性、持续运行的重大事件，其与承诺改变引致的财产损失、信誉损失才相匹配，其对承诺改变可责性的抵消才能在质和量两方面满足"对等性"要求。按照"对等性"的逻辑理路，宏观调控领域可证成承诺改变之正当性的免责事由应圈定为主体无法事先予以准确预测、计算、筹划，对整体国民经济运行影响深广的重大事由。比如，我国多次大幅度调整出口退税税率的政策举动，如果发生在突如其来、难以预测的亚洲金融危机期间，则该特殊因素符合"对等抵消"的要求，因此足以消解税率调整的"违背承诺"属性，其对承诺改变的赦免并不与调控法定原则相悖，而毋宁是其适用的例外；相反，仅以局部、团体利益为考察进路的受害方过错、第三方过错则应排除于抗辩事由范围。

第四章　宏观调控信赖利益保护的司法实施机制

　　肆意违背宏观调控承诺的责任追究能否从应然到实然，从"纸面法"（law on paper）到"活法"（living law），相当程度上取决于宏观调控信赖利益保护的司法实施机制是否运转有效。尽管从理论层面来看，借助调解、ADR 等非讼方式①，亦可在弥补调控受体的信赖损失、弱化调控主体的违诺激励中扮演积极的角色，然而，"正义是司法的最后一道防线"，在调控主体—受体信息不对称、力量不对等的现实语境下，以 ADR 为代表的诸多非讼方式在面对调控主体的行政优势时极有可能"集体失灵"，实现校正正义的目标还是需要主要依靠司法机制来完成。该机制的运转效率如何，不仅取决于违背调控承诺的责任构造是否设计得足够细致，是否满足赫尔维茨强调的"可实施性"，还取决于配套的诉讼程序设计是否适应稳定调控受体预期、激励调控主体守诺、提高宏观调控绩效等多元公共目标。

　　如果着眼于单一的损害填补功能，着眼于个案性的微观合法利益的维护，那么正如法谚所云："有损害，有救济"，作为

---

① 参见范愉《非诉讼纠纷解决机制研究》，中国人民大学出版社 2000 年版。

个体的调控受体可以依循普通的行政、民事诉讼流程主张自己的信赖利益不应受肆意违诺之侵害，常见的行政、民事诉讼程序可以为微观调控受体提供司法救济。然而需要指出的是，宏观调控是一种必须仰赖国家能力才能供给的特殊公共物品，其影响程度之深，波及范围之广，非一般行政、民事活动所能比拟；对其引发的权利救济诉求，自然也不能仅仅从微观个体的维度来考虑，而是应当放宽视域，将个体的信赖利益保护与众多调控受体的预期稳定勾连起来，进而与调控绩效的改进勾连起来，使得宏观调控的违诺责任追究活动既维护微观个体权利，亦有助于推动公共经济政策目标的落实。与之相适应，相关的诉讼程序安排也要以调控违诺责任追究的公共政策职能为轴心展开。

在这个意义上，违背调控承诺之诉作为一种特殊的诉讼形式将更多地与宏观调控实体法联系在一起，是一种具有广泛适用性的通用诉讼模式，而不再仅仅是适用传统行政诉讼形式抑或是民事诉讼形式的问题。调控违诺之诉是社会转型、经济社会化程度日益加深的产物，是不能拘泥于民事诉讼、行政诉讼和刑事诉讼三分模式的新型诉讼。当代各国在处理新型纠纷或实践中都出现了以解决问题为中心的立法趋势，即将纠纷解决方式或程序附带在具体的实体法之后，针对特殊类型的纠纷设立对应性的诉讼程序或纠纷解决机制。例如，劳动法院、人事特别程序和家事法院、家事案件特别程序就是最早的特别诉讼受理机构和程序。此后，针对环境纠纷（包括环境污染救济、环境规划的论证等事先预防机制）、消费者权益纠纷（包括小额侵权救济、合同纠纷、格式合同中的所谓霸王条款）、不正当竞争等问题，作为需要特殊处理解决的纠纷类型，相继设立了一些特殊机制，其中也包括各种群体诉讼形式，如集团诉讼、团体诉讼等。这种（问题中心主义的）进路更符合处理新型纠纷的需要，带来的制度风险或成本也可以相应降低，在实践中更便于通过法院的司法政策进行调控。[①]

一　集团诉讼：宏观调控违诺追责之诉的效率选择

综合考量宏观调控信赖利益保护的多元目标、调控主体和调控受体之间的力量对比关系，集团诉讼是进行调控违诺追责之诉的效率选择。本书意指的集团诉讼，肇源于美国的"class action"或"group litigation"，即"具有共同利害关系的当事人人数众多，无法共同进行诉讼或者进行共同诉讼不经济、不方便之时，由共同利害关系人中的一人或数人作为代表起诉、应诉并进行诉讼，法院判决的效力及于全体共同利害关系人的一种特殊诉讼制度"[②]，属于群体诉讼的一种。为适应调控违诺追责之需的集团诉讼设计，尽管其制度安排的蓝本来自美国的"class action"或"group litigation"，但是必须明确的是，该诉讼形式在以"class action"或"group litigation"为主要参照之余，有针对性地吸收了德国团体诉讼、日本选定当事人诉讼以及我

---

① 范愉：《集团诉讼问题研究》，北京大学出版社 2005 年版，第 31 页。
② 梁书文主编：《民事诉讼法实施问题研究》，人民法院出版社 2000 年版，第 82—83 页。

国原有的代表人诉讼制度中的有益成分，使之能够在博采众长的基础上发挥自身的比较优势，以"问题中心主义"的进路更有效率地应对宏观调控信赖利益保护对司法机制提出的挑战。

（一）集团诉讼有助于改变调控受体的诉讼力量

正如前文所述，调控主体担负着实现经济增长、物价稳定、结构优化、国际收支平衡的四大宏观经济运行目标，其责任之重大，一般的公共物品提供职能望尘莫及，自然需要匹配与之相适应的调控权力。加之宏观经济运行的内生性变易，调控权力较强的自由裁量性亦属必然。相反，对于调控受体来说，其并不直接承担公共物品的供给之责，也不存在直接的宏观经济安全等社会利益目标追求，因此，除以遵从或不遵从来回应调控对自身的影响之外，受体并未握有能够与调控权力相抗衡的博弈强力维度。在这一非均衡的权力或权利—义务格局下，即使设立调控信赖利益保护制度，由于调控主体具有明显处于优势的调控权力，加之我国当前仍然存在的"强行政"态势，单一地赋予调控受体对主体的肆意违背调控承诺行为的起诉资格可能仍旧无法改变受体的弱势博弈地位，起诉资格的获得可能只是满足形式正义的要求，无助于实现实质正义。集团诉讼是一种集合为数众多的当事人之力的群体性诉讼，其在宏观调控违诺追责之中确立后，可以有效增强调控受体的诉讼力量，提高受体在诉讼中胜出的概率。

1. 人数的多寡是诉讼请求是否成立的重要判定指标

调控受体的诉讼请求能否获得法院的认可，除了受体与诉讼标的必须具有直接利益关系之外，还要考虑其诉求所关涉的利益是否在量的维度上达到起诉成立的要求。宏观调控是一种极为特殊的公共物品，影响极为深广，因此，当单个或为数甚少的调控受体对调控主体的违诺行为提起诉讼之时，即使其信赖损失在绝对数量上看来很大，在单个受体的自我视角下甚至可谓惨重，但是如果与宏观调控变更所勾连的四大宏观经济运行目标相比较，受体的损失又很可能在相对数量上分量不够，调控追求的宏观经济利益远远抵消了受体的信赖损失，从而导致诉讼请求所关涉的信赖利益无法达到起诉成立的数量要求，不具备司法意义上的"诉的利益"。[①] 当然，附着于宏观调控的整体经济利益也完全可能异化成调控承诺肆意变更的一种托词，因此，囿于司法机制的外部视角，整体经济利益在外观上显而易见的数量优势很容易使得受体的信赖利益损失不足以具备"诉的利益"，从而被阻挡在司法救济门外。

这时，倘若采取集团诉讼的形式，将为数众多的遭受信赖损失的受体的诉讼请求集合起来，充分发挥其合力，受体遭受的将不再仅仅是数量微小的个别损失问题，而是具备了整体社会利益损失的意味，在外观形式上改变了与宏观经济利益对比悬殊的地位，那么"人数将成为满足诉的利益要件的一个重要因素。多数人主张一定的共同利益这一事实，就能够使法院对该利益作为实体法上存在的权利资格进行审查得到正当化。换言之，因为多数人提出的主张而使诉的利益要件得到满足，由此使该主张获得了作为法院审理对象的资格"，实现小岛武司所

[①] 参见［日］谷口安平《程序的正义与诉讼》（增补本），王亚新、刘荣军译，中国政法大学出版社 2002 年版，第 203—205 页。

说的"集合化利益救济"①。反之，在宏观经济利益的数量优势面前，"主张如果不以集团性的方式提出，在程序上一开始就会以缺乏诉的利益为由而得不到受理"②。

2. 人数的多寡是影响法院受理态度的重要因素

对于单个或少数受体提起的调控违诺追责之诉，法院不会将之作为具有社会事件性质的案件对待，在受理与否的态度上自然与普通侵权之诉无异。考虑到调控主体的中央国家机关层级，管辖法院③甚至有可能有意回避对于此类案件的受理。然而，在集团诉讼的形式下，来自调控受体的诉讼请求将会转化成一种强大的社会呼声，案件的性质也从常见的侵权之诉转变为影响宏观经济公共政策的社会事件，使得法院在受理态度上向原本处于劣势地位的调控受体做出必要倾斜。对于集团诉讼形式借助人数优势吸引法院注意力的做法，著名诉讼法学家谷口安平辩证指出："许多人纠合在一起提起诉讼的情况，不少场合下被认为不过是显示人多势众，或故意给法院的处理造成麻烦，或甚至是出于某种不纯的动机或意图在政治上利用司法制度，因此常常受到批评和责难。……但是另一方面，为了使法院充分认识到进行救济的紧迫性，并集结一切需要的人力物力来获得胜诉，有多数原告参加的集团诉讼是一种有效的手段和

---

① 参见〔日〕小岛武司《诉讼制度改革的法理与实证》，陈刚等译，法律出版社 2001 年版，特别是第二章。

② 〔日〕谷口安平：《程序的正义与诉讼》（增补本），王亚新、刘荣军译，中国政法大学出版社 2002 年版，第 203—205 页。

③ 依据诉讼法的基本原理与宏观调控的中央级次"公共物品"特质，我国调控违诺之诉的一审管辖法院宜为北京市中级人民法院。

合理的诉讼形态。"①

（二）集团诉讼有助于获得司法运作的"规模效应"

集团诉讼无论是对于调控受体，还是调控主体，都有助于提高诉讼效率、降低诉讼成本。在调控受体一方，由于调控违诺之诉关涉大量宏观经济学专业知识、大量宏观经济走势信息，加之调控主体基于宏观经济内生性波动的强大调控权力，其被提起诉讼、参加诉讼将是一个费时费力的艰巨过程。当个别的诉请集结为集团诉讼时，除了诉讼代表人之外，其余当事人并不直接参加诉讼，其在诉讼过程中权利的行使、义务的履行皆无须亲力而为，由此可以节省大量的诉讼成本。一般地，能够并且有足够的意愿担任集团诉讼的诉讼代表人，应当能够胜任调控违诺之诉对诉讼资源、专业宏观经济知识或信息的要求，其在调控主体肆意变更调控承诺的证据开示、信息搜集上较之其他当事人更有优势，由其代理相关权利的行使和义务的履行将更有效率，其余当事人可以在相当程度上减少导源于专业信息不对称、博弈维度不对等的诉讼难题。在节省诉讼成本的同时，诉讼结果借助判决的扩张力对并不直接参加诉讼的其余当事人产生法律效力。这样一来，诉讼成本的承担者单一而诉讼收益的获得者众多，集团诉讼便具备了经济学上的"规模经济"效应。②

在调控主体一方，由于采取普通行政或民事诉讼程序的调

---

① ［日］谷口安平：《程序的正义与诉讼》（增补本），王亚新、刘荣军译，中国政法大学出版社 2002 年版，第 203 页。

② ［美］罗伯特·S. 平狄克、丹尼尔·L. 鲁宾费尔德：《微观经济学》（中级），张军、罗汉等译，中国人民大学出版社 1997 年版，第 178 页。

控违诺之诉的判决效力并没有扩张性，人数不确定的众多调控受体一旦单独起诉，数量庞大的"万家诉讼"将使得调控主体深陷"讼海"，必定烦不胜烦，不堪其扰。宏观调控事关国家经济安全与社会稳定，调控主体应有足够的行动空间，不宜为过多的外部因素所牵制和扰动。由诸多单独诉讼引起的"万家诉讼"则为宏观调控设置了不应有的行动障碍，设定了过高的行动价格，严重干扰调控主体根据宏观经济情势变更对调控措施进行必要变动。集团诉讼将判决的效力扩及其余当事人，尽管这些当事人并没有与调控主体直接进行诉讼博弈，但其要受到生效判决的约束，不得就同一诉因再单独提起调控违诺之诉。集团诉讼判决的扩张性将原本可能出现的"万家诉讼"化多为一，将数量众多的调控信赖利益保护请求合并处理，避免了"诉讼不能承受之重"的尴尬。

（三）集团诉讼有助于扩大司法对公共经济政策的影响力

传统的社会政治职能分工理论认为，公共经济政策是立法者专属的领域，法院只是针对当事人提起的具体诉请做出决断（在大陆法系，常规司法是一个由法官将成文法律规范适用于个案的过程，没有规则形成的意义；在英美法系，尽管法官做出的判决通过"遵循先例"可以对后续相同或相似案件的审理发挥导向作用，但其作用力仍限制在案件审判的范围内，对于公共经济政策，还谈不上实质性的影响），一般不与公共经济政策的制定、执行发生勾连。政策制定是一个民众意愿表达的过程和民众意愿聚合的结果，立法者由民众选举产生，是民众意愿的代表人，而司法者多由选任产生，其职能在于纠纷解决而非民意传递，按照传统的政治职能三分论①，法院不应在公共政策的舞台上扮演能动角色，否则，将是对公共政策制定的民主性要求的背离与违反。

集团诉讼在一定程度上拓展了司法机制的既有职能定位。宏观调控违诺之诉采取集团诉讼的模式，目的不仅仅在于个案式微观信赖利益保护，而是力图通过将个体诉讼转化为群体诉讼来加大调控主体肆意违背调控承诺的行为成本，发挥诉讼对调控主体违背诚信义务的惩罚和遏制功能。从行为主义的视角来看，调控主体改变调控承诺、不予执行，实际上是从一个公共政策安排转向另一个公共政策安排，是调控政策选择的改变，也将其可以纳入广义的政策制定过程来考察。集团诉讼将弥散化的微观信赖利益损失聚合成集中、强大的诉讼请求，这种利益主张就超越了狭隘的私人利益损害的范畴，具备了公信力维护的意味。法院对于群体性的信赖利益保护诉请如何决断，实际上亦是对调控主体变更调控政策的立场或态度表达。由于集团诉讼规模较大，具有相当的社会影响，而且判决具有扩张性，其效力及于全体集团成员，很容易被看成是社会呼声的反映，因此其能够有效地改变调控承诺变更的成本—收益对比关系，促使调控主体审慎考虑是否应该变更已经做出的调控承诺。通过对调控违诺追责之诉中事实问题与法律问题的裁判，集团诉讼"可以直接促进司法对于涉及重要社会利益的问题的介入，发挥法院在发现规则、确立原则和参与利益分配协调中的社会

---

① 参见［英］M. J. C. 维尔《宪政与分权》，苏力译，生活·读书·新知三联书店1997年版，第三章。

功能"。① 司法机制的态度和立场经由集团诉讼成为调控主体在变更既有调控承诺之际必须考虑的参数。在这个意义上，司法可以拓展原初的职能边界，发挥其对公共经济政策选择的影响力。

二 宏观调控违诺追责之集团诉讼的基本程序构设

（一）宏观调控违诺追责之诉确立为集团诉讼的前置性要件

宏观调控违诺追责之诉究竟是作为单独诉讼由个别的微观调控受体提起，还是作为集团诉讼由适格的代表人提起，并不是一个仅仅取决于调控受体诉讼意愿的问题，它还要受到一系列法定条件的刚性约束。如果调控受体认为集团诉讼的形式能够产生广泛的社会影响，对调控主体能够产生足够的社会压力，胜诉的概率也因此而大为提高，同时还可以很好地实现诉讼经济，于是决定对某一调控承诺的违背行为提起集团诉讼之时，其首先需要考虑该集团诉讼请求是否满足以下法定的前置性要件。

1. 构成诉讼集团的成员为数足够多，足以支撑这一群体性诉讼

宏观调控是一种公共物品，按照公共物品的内在规定性，在其影响范围之内，消费具有非竞争性（norival）和非排他性

---

① 范愉：《集团诉讼问题研究》，北京大学出版社 2005 年版，第 54 页。

（nonexclusively）①，因此，"消费"宏观调控这一公共物品从而自身的生产生活安排受其影响的调控受体自然不会是单一个体，而是为数众多的微观主体。当然，尽管调控受体可以采取遵从或不遵从的策略来回应主体的调控措施安排，但是，从整体范围来看，一般地，即使是对于具有选择性的宏观调控措施，经由自我选择遵从策略而进入调控措施的效力范围之内的调控受体亦往往为数不少。

　　同时，宏观调控是一种中央级次的公共物品，必须由法定的有权中央国家机关才能提供。在我国，宏观调控的供给主体只能是全国人大及其常委会、国家发展和改革委员会、中国人民银行、财政部、商务部等，除此之外，地方税收调节、地方财政投资和支出的决策、地方产业政策安排等均不属于本书意指的宏观调控。易言之，宏观调控权力的纵向配置集中于中央，地方上述权力只能是"中观调控"。在国家主权管辖范围内，中央级次的公共物品皆为有效，其供给的级次与适用范围成正比，因此，更准确地说，宏观调控所影响的调控受体遍及全国，数量庞大，相应地，违背调控承诺所波及的调控受体也是范围极广，为数甚巨。从宏观调控作为中央级次公共物品的视角出发，调控违诺追责之集团诉讼的成员人数众多是一种常态，很容易满足集团诉讼对于人数要件的要求，而不必像其他类型的群体性诉讼那样，需要以成文法的形式对具体的人数下限做出明确规定（比如，我国台湾地区"证券投资人及期货交易人保护法"第28条规定：保护机构为维护公益，于其章程所定目的范

---

　　①　余永定、张宇燕等：《西方经济学》，中国社会科学出版社 1999 年版，第 258 页。

围内，对于造成多数证券投资人或期货交易人受损害之同一证券、期货事件，得由二十人以上证券投资人或期货交易人授予诉讼或仲裁实施权后，以自己之名义，起诉或提付仲裁。在这里，"二十人"即为授权法定机构提起群体性诉讼的人数要件）。

2. 集团成员由共同利益关系连接，存在共同的法律和事实问题

成员之间具有共同的利益关系，是群体性诉讼得以成立的必要条件之一，是基本的群体诉讼法理。只有成员的利益相同或属于同一种类，才能以此为核心，将原本可能单独提起的诸多诉讼请求聚合起来，拟制成一个集团诉讼，进行集团化的司法运作，实现诉讼经济和相关的公共经济政策目标。否则，在利益歧异的情势下，成员诉讼请求的聚合无异于"拉郎配"；只有成员间的利益相同或属于同一种类，才便于由其中的某一成员代为行使诉讼权利，代为履行诉讼义务，诉讼代表人的资格才便于正当化。按照小岛武司的论断，诉讼代表人之所以"能够为全体成员进行诉讼活动，不是基于单个的授权行为，而是基于利害关系一致、紧密的缘故，即能够肯定他们之间具有充分的'代表关系'"[1]。在调控违诺追责之集团诉讼中，作为调控受体的成员所关涉的利益是相同的：由于信任调控主体做出的调控承诺而对调控措施采取"遵从"的应对策略，以便取得附着于调控承诺的预期收益。但是，该信赖利益因为调控主体非正当变更调控承诺而无法获得，成员在调控主体的承诺违背之下皆陷入信赖利益损失的不利益状态，各自的诉讼请求指向

---

① 参见［日］小岛武司《诉讼制度改革的法理与实证》，陈刚等译，法律出版社2001年版，第88页。

的目标均为因信赖而导致的损失之赔偿，或者说是信赖利益的
恢复。

　　共同的事实或法律问题同样是将众多个别的调控违诺追责
之诉拟制为集团诉讼的构成性要件。这里的事实问题明了划
一——调控主体做出了宏观调控措施安排，并且承诺该调控政
策在执行阶段必定会得到执行，非有法定的重大事由，不予改
变（对"核心规范"而言）；或者，承诺非依法定的公示、公
告等程序，不予变更（对于"变量规范"而言）。由于调控行
为的公定力、确定力和执行力，调控受体信赖调控措施在时间
序列上的一致性，并据此以"遵从"作为回应，按照调控承诺
安排自身的相关事项。但是，尽管在调控受体看来没有出现法
定的、足以证明调控承诺改变之正当性的重大情势变更或不可
抗力，调控主体却背离了已经做出的调控承诺，或者是违背法
定的公示、告知等程序突然变更调控承诺，致使附着其上的
（受体的）信赖利益落空。这里的法律问题也是共同的——除非
出现法律规定的重大情势变更或不可抗力，抑或是遵循了法定
的公示、告知等程序，调控主体对于已经做出的调控承诺安排
不得随意变更，此为《宏观调控基本法》规定的调控主体之调
控诚信义务。调控违诺追责之诉所涉及的法律问题，即为主体
对于上述调控诚信义务的违反。

　　集团成员由共同利益关系连接，存在共同的法律和事实问
题还可以进一步做如下细化：诉讼标的同一，皆为信赖利益；
诉讼请求的性质相同，皆为损害赔偿的给付之诉或调控承诺的
恢复原状之诉，由此保证了诉的内容相一致；据以对抗作为对
方当事人的调控主体的事实基础、法律基础相同，皆是因为调

控承诺的非正当性变更导致信赖利益受损，调控主体违背了调控诚信的法定义务。如果不符合上述若干同质化标准，不但诸多的个别诉讼请求无法拟制为集团诉讼，也将阻碍诉讼代表人的资格确立。

（二）宏观调控违诺追责之集团诉讼的代表人制度

集团诉讼的重要特征之一在于集团成员并不需要直接参与诉讼，其诉讼权利、诉讼义务均由适格的诉讼代表人代为行使、履行，由此实现了诉讼的经济性和规模效应。代表人在集团诉讼中可谓至关重要。其是否具有正当的代表资格，是否具有足以胜任代表人之职的权利能力，提出的诉请主张是否能够代表全体集团成员的利益而不仅仅是个人或部分成员的利益，在诉讼过程中是否能够始终把集团整体利益放在首位、不将个体私利凌驾于集团利益之上等，对于集团诉讼能否借助规模优势实现集团成员权利的司法救济进而维护社会公共利益来说都是关键性的影响因素。可以说，代表人是集团诉讼的核心，集团诉讼在相当程度上围绕代表人展开，其成败在相当程度上亦取决于代表人的诉讼绩效。因此，如何建立科学合理的代表人制度，应当是在构设调控违诺追责之集团诉讼的程序要件中必须认真对待的问题。

1. 适格诉讼代表人的基本条件

首先，代表人是调控违诺追责之诉的利害关系人，与集团诉讼指向的信赖利益司法保护具有直接的利害关系。与公益诉讼中代表人可以与案件并无直接利害关联、纯粹为了维护公共利益而提起诉讼有所不同，宏观调控这一特殊的公共物品事关国民经济安全与社会整体稳定，具有"牵一发而动全身"的强大联动效应。因此，为了防止"滥讼""缠讼"给调控主体造成不必要的行动干扰，调控违诺追责之诉的代表人将被限定为遭受信赖利益损失的调控受体，即直接利害关系人，范围不宜扩大。这一"直接利害关系人"的法定要件可以有效将一些意图通过担任集团诉讼代表人而获致社会知名度的兴讼者排除在外，防止不良诉讼。其次，代表人与被代表人处于相同的诉讼地位。代表人与被代表的集团成员均为对调控措施采取了合作式回应，均为按照调控措施行事的调控受体，都因为调控主体肆意变更调控承诺而失却本应获得的信赖利益，自身作为调控受体的信赖利益损失与主体的肆意违诺有着直接的因果关联。再次，经由法定的程序获得集团其余成员的授权，确立诉讼代表人资格（资格确立程序详见下文）。最后，具有足以胜任代表人之职的诉讼行为能力，在知识、信息上适应案件的要求——对于调控违诺追责之诉来说，谙熟计划、财政、税收、产业政策等宏观经济学机理尤为重要，能够充分代表其余集团成员的诉讼请求，以对待自己事务的合理注意标准行使集团成员授予的诉讼实施权，善意维护其合法权益。

2. 代表人资格的确立程序

按照我国现有的诉讼代表人制度，代表人资格主要通过集团成员明示授权的方式确立。当事人一方人数众多，在起诉时不确定的，由当事人推选代表人，当事人推选不出的，可以由人民法院同当事人商定代表人。[1] 明示授权的方式有一定的优越性，它可以避免代表人在未经授权的情况下强行行使他人诉讼

---

[1] 参见《中华人民共和国民事诉讼法》第五十四条和第五十五条。

权利带来的侵权之虞，保证了与当事人处分权理论的融贯一致。① 在当事人处分权理论看来，无论是诉讼权等程序性权利，还是当事人诉请的各类实体性权利，其最终处置、处分应当取决于当事人本身，如果没有当事人的明确委托或授权，没有建立权利信托关系，他人不得代为行使，以保证当事人的合法权益不会在不知情的情况下被侵犯或僭行。

明示授权的基础性前提是诉讼群体的成员数量不宜过多，而确定群体成员范围的"选择加入"② 方式满足了明示授权对群体成员数量的限制性要求。成员通过积极参与权利登记程序表明自己加入群体诉讼的选择，在法院公告期满未进行权利登记的，则由于其并未表达自己的"加入选择"，不列入群体诉讼成员的范围，群体诉讼成员的数量不会过大，明示授权引起的沟通成本、交流成本、推选成本都能够控制在可以接受的范围内。然而，在调控违诺追责之集团诉讼中，以明示授权的方式确立代表人资格将会遭遇制度成本过高的困境。与"选择加入"的运作模式相反，调控违诺追责之集团诉讼的成员范围适宜以"选择退出"③ 的方式确定，即信赖利益遭受损失的调控受体只要在法院公告期内没有以书面申请表明退出诉讼集团的，皆视为集团成员。"选择加入"的方式需要积极作为才能获得成员资格，"选择退出"的方式只需要消极的不作为即可获得成员资格，两相比较，后者所确定集团成员的数量自然要远远大于前

① 肖建华：《民事诉讼当事人研究》，中国政法大学出版社 2002 年版，第 370—371 页。
② 李响、陆文婷：《美国集团诉讼制度与文化》，武汉大学出版社 2005 年版，第 115 页。
③ 同上书，第 113 页。

者。如果不顾集团成员众多的现实，为适应传统的当事人处分权理论而削足适履般地沿袭明示授权的代表人选定方式，那么，其间涉及的交流、沟通、推选成本将高得无法接受，甚至会出现因意见过于分歧，无法推选出合适的代表人的情形——在奥尔森的集体行动理论看来，集体行动的效率往往是和集体的规模成反比的。①

因此，调控违诺追责之集团诉讼中的代表人资格将以默示授权的方式确立。只要法院审查认定提起集团诉讼之代表人符合前述法定要件，集团其余成员在公告期满并未对代表人资格的正当性以书面形式向法院提出异议，则视为默示授权，由该代表人代为行使诉讼实施权。

3. 代表人的法律地位及其行为效力

诉讼代表人经由集团成员的默示授权确立代表资格，但是其在法律地位上并不仅仅是作为集团成员的代理人存在。代表人与其余集团成员都因为调控承诺的非正当性改变而遭受信赖利益损失，彼此之间具有共同的利益，个中的事实问题、法律问题相同，属于相同类型的调控受体，代表人提起诉讼的最根本动因是为自身的信赖利益请求司法救济，之所以采取集团诉讼的形式，主要是出于尽可能提高诉讼获胜概率的策略考虑。从诉讼目的来看，代表人首先是为维护自身合法信赖利益的诉讼当事人。

同时，其余集团成员通过默示方式将原本属于自身的诉讼

---

① 参见［美］曼瑟尔·奥尔森《集体行动的逻辑》，陈郁等译，上海三联书店、上海人民出版社1995年版，特别是第64—68页。

实施权授予代表人，这里存在着根据任意诉讼担当理论①形成的诉讼信托。在诉讼信托关系中，作为受托一方的代表人对集团成员负有诚实义务，必须善意地维护集团成员的合法权益，不能将自身与诉讼请求无关的私利置换集团整体利益，也不能为自身与诉讼请求无关的私利牺牲集团整体利益。诉讼实施权经默示授权由代表人行使，但是该权利的渊源是集团成员，后者是诉讼实施权的实质主体，其可以在诉讼过程中以更换代表人的方式对之进行监督，确保集团的整体利益和全体成员的意志能够充分被代表、反映出来。一般而言，由于集团诉讼中代表人与集团成员利益的高度同质化，各自的利益诉请能够较好地协调融合，除非是为牟取不当收益有意违反诉讼信托的诚实善意义务，代表人在实现自身的信赖利益保护目标之时，也实现了与自己利益关系相同的其余集团成员的诉讼请求。概言之，代表人在调控违诺追责之集团诉讼中既是与其余集团成员地位相同——同为当事人，又由于其代行诉讼实施权而具备了代表的资格，处于二元复合法律地位。

代表人的法律地位决定其诉讼行为的法律效力。如果以传统诉讼理论分析，其余成员通过授权让渡的只是程序上的诉讼实施权，并未让与实体上的信赖利益受偿权，因此，代表人承认作为对方当事人的调控主体的请求、变更或放弃己方请求、与对方和解等行为需要得到其余集团成员的明示同意方可做出。但是，需要指出的是，传统诉讼理论的"明示同意说"不能针

---

① 任意的诉讼担当是权利主体通过自己明示或者默示的意思表示授予他人以诉讼实施权。参见肖建华《群体诉讼与我国代表人诉讼的比较研究》，《比较法研究》1999 年第 2 期。

对调控违诺之集团诉讼的特点做出有效应对。因调控违诺引起的集团诉讼是以"选择退出"的方式确定成员范围的，成员数量大大超过以"选择加入"方式确定范围的传统群体诉讼，自然引发因成员数量大增导致的交流、沟通、达成一致同意的成本问题。考虑到运作成本的刚性约束，赋予代表人在承认对方请求、变更或放弃己方请求、与对方和解等无须其余集团成员同意的裁量权利，可以节省大量的沟通、交流成本。

当然，尽管代表人与其余集团成员同为当事人，利益指向的同质化可以减少这一裁量权利侵犯被代表人的合法权益的可能性，但是，外观上相同的利益对不同个体的效用是不一样的，代表人仍有可能为了一己私利滥用裁量权。为了更周全地保护不直接参与诉讼的其余成员的合法权益，除了管辖法院在诉讼过程中依职权主义强化监管之外，在程序设计上应当赋予其余集团成员在不同意代表人承认对方请求、变更或放弃己方请求、与对方和解等事项时的诉讼退出权利。这一权利需要行使者以明示的书面方式、在立法规定的期限内通知法院（具体期限也可由法院规定）。如此一来，既保护了其余成员实体上的信赖利益受偿权和最终处分权，又便利了集团诉讼，使之能够以合理的成本得以展开，真正实现作为群体性诉讼应有的诉讼经济。

由于代表人的二元复合身份，其与调控主体之间的诉讼活动最终形成的判决将发生效力扩张——除以书面方式在规定期限退出诉讼的成员外，判决效力及于所有集团成员。个别集团成员不得就集团共同诉讼请求、共同的法律或事实问题提起上诉。这里的个别上诉权利之取消并不意味着对不直接参加诉讼的集团成员利益保护的缺失。因为，如果个别成员放弃诉讼退出权，则意味着该成员以自己的选择表明了接受判决约束的意愿——判决效力及于全体成员，这是集团诉讼的题中应有之义，自然应当在该成员的合理预期之中。

4. 代表人资格的丧失①

如果最先提起诉讼的代表人因为死亡、丧失行为能力、受禁治产宣告而丧失其代表资格时，其余集团成员可以另行推选诉讼代表，或自行另外单独起诉。代表人与其余成员之间形成的是诉讼信托关系，当上述事由发生，致使信托关系无法存续之时，集团成员的重新推选权和单独起诉权是确保诉讼正常进行所不可或缺的。在代表人变更、另行单独起诉尚未通知作为对方当事人的调控主体之前，不发生法律效力。如果在诉讼过程中，数个代表人中的一个或部分因上述事由丧失代表资格时，其承接的诉讼实施权由其余仍然保有代表资格的代表人继续行使；如果代表人全体丧失资格，则在集团成员重新推选代表人之前，诉讼程序中止。

（三）调控违诺追责之集团诉讼的公告流程

除代表人之外，其余集团成员并不直接参与诉讼。如果他们未能及时、有效、充分地掌握诉讼进程中的相关信息，其合法权益将有得不到安全保障之虞。为平衡调控违诺追责之诉的规模效应与维护其余集团成员之间的关系，就必须有细致的、环环相扣的公告流程与之相匹配。

（1）在案件受理阶段，提起调控违诺追责之诉的一个或若干调控受体应该在其起诉书提交给法院后的若干天内（可以规

———————
① 参见骆永家《民事法研究》（三），台湾三民书局 1989 年版，第 176 页。

定为 30 天或 45 天）在全国性的出版物上公告。公告至少包括以下内容：诉讼的未决性；主张的信赖利益保护请求（比如请求赔偿损失还是请求恢复原状）；集团成员的确定期间。在公告发布后的法定期限内，因同一调控变更行为遭受信赖利益损失的任何调控受体均可对其代表人资格向法院以书面形式提出异议。

（2）在确认调控违诺之诉是否能够以集团诉讼形式提起阶段，应该在做出确认集团诉讼的决定后予以公告。该阶段公告至少包括：调控违诺追责之诉的实质性内容；对方当事人；集团代表人和集团律师；集团成员参加到集团诉讼中来的相关风险。

（3）在和解阶段（如果有的话），公告至少包括以下内容：和解协议草案的核心条款；和解协议赋予集团代表人某些特殊利益；集团律师费用的信息；为和解协议批准与否进行听证的时间及地点；其余集团成员对和解协议提出异议的方法；和解协议金额的分配程序和方式。①

（四）调控违诺追责之集团诉讼的权利确认

如果管辖法院对于调控违诺之诉采取恢复原状的救济方式，调控主体原来做出的调控承诺将继续一体适用于调控受体，不需要法院再借助法定程序安排对应当受到司法救济的调控受体一一识别；但是，如果管辖法院对于调控违诺之诉采取赔偿损失的救济方式，由于涉及赔偿金的分配，则需要不同的程序安

---

① 胡永庆：《证券纠纷集团诉讼制度研究》，上海证券交易所联合研究计划"法制系列"课题，2003 年。

排。在集团诉讼启动之初，为了节约为数众多的调控受体的交易或沟通成本、缩短诉讼准备流程，集团成员的资格是以"选择退出"的方法概括式确定的，并没有达到分配赔偿金所要求的准确身份对应。对此，必须要有法定的权利确认程序对有权获得调控违诺损害赔偿的调控受体进行甄别，以保证赔偿金分配的公平、公正。司法实践中，可以采取如下方式：判定调控主体应向调控受体赔偿信赖损失的判决做出之时，法院应公告有权调控受体可以在法定的期限内（比如45天）向管辖法院申报登记，填写《权利登记表》，由管辖法院比照判决认定的事实和适用的法律对申请者的获赔权利请求进行审查，决定其能否获得赔偿资格。为提高集团诉讼的管理效率，敦促调控受体及时行使权利，如其在法定期限未提出申请，视为放弃索赔。一般地，着眼于实务操作以及调控承诺的"公共物品"特质，如无特殊情况，赔偿金应在有权调控受体之间平均分配。这种确认集团成员资格的后置程序安排既适应了司法裁判做出之前节约交易或沟通成本的诉讼效率要求，也保证了司法裁判做出之后赔偿金在调控受体之间的公正、准确分配。

三　防范调控违诺追责集团诉讼滥诉的制度反思——以胜诉酬金制度为中心

　　集团诉讼模式在调控违诺追责之诉中的引入，既能有效增强原本处于劣势地位的调控受体的博弈维度，改变双方失衡的力量对比格局，又能凭借集团诉讼的影响力对调控主体肆意违诺的激励造成社会压力，形成刚性约束，促使其在做出宏观调控政策安排时重视对诚实信用义务的尊奉，重视对调控受体信赖利益的保护，实现"影响政策"的良性司法能动主义。但是，所谓"甘蔗没有两头甜"，正如霍姆斯所指出的那样，"每得到一样东西，都不得不放弃其他什么东西，我们应该把得到之利益与我们失去之利益作比较，从而了解在挑选时我们是在干什么"①，集团诉讼也有其自身缺点，这些内生性缺点如果没有得到制度设计者必要的警觉和反思，从而引发异化集团诉讼的滥诉现象，那么，由滥诉生发开来的机会成本将会阻碍集团诉讼在调控违诺追责之诉中的正常展开，甚至有可能因为滥诉给调控主体的政策选择造成过多干扰，进而威胁调控违诺之诉本身的正当性。为此，有必要对集团诉讼的负面效应做一制度性反思，以未雨绸缪，防患于未然。从集团诉讼在诸多国家推行的经验来看，其中的胜诉酬金是一种最易与滥诉、缠诉相勾连的制度安排。

（一）胜诉酬金制度在集团诉讼中的适用

不同于单独诉讼，集团诉讼关涉人数众多，规模庞大，影响深广，自然对诉讼律师的要求和相应制度安排也有所不同。集团诉讼需要在以群体形式出现的原告与被告之间、双方当事人与法院之间、原告集团成员彼此之间等多重互动关系中进行沟通协调，其间的沟通职责极为繁重，沟通成本相当高昂。如果将协调沟通职能留待由管辖法院发挥职权主义来承担，显然

---

① Holmes, O. W., "The Path of the Law", *Harvard Law Review*, Vol. 10, No. 8, 1897, pp. 457, 469, 474, 转引自［美］理查德·A. 波斯纳《法理学问题》，苏力译，中国政法大学出版社 2002 年版，第 581 页。

法院将不堪重负，需要有在群体性诉讼方面具有丰富经验和过硬专业知识的律师进行组织运作，以保证集团诉讼的顺利进行。

诉讼所需要的投入是律师的人力资本和时间，适合复杂、大型群体诉讼的优秀律师的人力资本和时间是法律服务市场上的稀缺物品，需要能够充分体现其内在价值的酬金制度作为激励机制。在集团诉讼中，由于涉及问题的复杂性、当事人的群体性和由此而来的案件管理上的复杂性，胜诉酬金制度作为吸引优秀律师的激励安排应运而生。胜诉酬金是一种律师风险代理，当事人不必事先支付律师服务费用，待代理事务成功后，当事人从所得财物或利益中提取协议所规定的比例支付酬金，如果败诉则无须支付。这种报酬安排将高风险与高收益组合在一起，借助丰厚报酬激励优秀律师承担附着于复杂诉讼的成败风险和与之相伴的一系列繁重职能。

作为大型、复杂群体诉讼的一种，调控违诺追责集团诉讼除了具备一般群体性诉讼的难点之外，更由于其一方当事人为调控主体，诉讼请求所指向的信赖利益保护尚有国家经济安全、社会经济发展等宏观价值纠结其中，并且在证据搜集、证据开示、双方辩论上均涉及大量的计划、财政、税收、产业等宏观经济运行知识和信息，因此，从诉讼的技术层面出发，似乎应当借鉴美国、德国等国将胜诉酬金制度推行于群体性诉讼的做法，在调控违诺追责的集团诉讼中适用该制度。并且，在法律经济学的应然视角下，这一制度引进似乎也是有效率的。

首先，法律服务的最适度费用是诉讼标的一个正函数。诉讼标的越大，被告越会花大量的费用去阻止自己可能败诉的判决，从而原告的律师就会用更多的时间和更大的努力去赢得这场诉讼。所以，律师的服务成本与诉讼标的成正比例关系，并且可以用它们的一个百分比表示。循此，调控违诺追责集团诉讼的标的数额不菲，高额报酬的胜诉酬金制度恰好顺应了律师服务成本与诉讼标的之间的正比例关系。

其次，为了使律师能积极地做好工作，应当使律师费用随着其努力的成功程度而变化，这与按照所救援东西价值的一定比例支付救援费用的法律原理是相同的。

最后，更大比例的风险通过胜诉酬金制度从原告向律师转移。由于律师干得好原告就获益较多，律师干糟了原告就获益较少，原告在扣除律师费之后的诉讼预期收益方差就缩小了。①

（二）胜诉酬金的"滥诉""缠诉"效应及其对调控违诺追责集团诉讼的影响

实践是检验理论效用的试金石。一项制度安排的理论构想，无论其在应然层面如何融贯自洽、精致圆熟，如果在应用过程中引发过多的机会成本，导致过多的不良效应，那么，对这一制度的"拿来主义"就应当有足够的敏感和警觉，以避免过高的制度移植成本。

首先，在胜诉酬金制度安排下，律师报酬数额巨大，丰厚可观。基于高额的利润刺激，律师很可能鼓动当事人轻率、不负责任地提起标的可观的群体性诉讼，浪费大量稀缺珍贵的司法资源，导致程序公正和社会公平的严重失衡。甚至还有可能通过诉讼策略的操作恶意提起群体性诉讼。典型的例子如，德

---

① ［美］理查德·A. 波斯纳：《法律的经济分析》（下），蒋兆康译，林毅夫校，中国大百科全书出版社1997年版，第740页。

国曾经出现过律师为了获得团体诉讼的胜诉报酬，居然以其家庭及律师事务所的办事员为成员，制定以维护消费者为目的的章程，组成团体，提起所谓的团体诉讼。在美国，不少律师利用联邦制的特点，寻找有利于发动集团诉讼的州并提起诉讼，导致州法院和联邦法院在实体和程序上高度不一致，严重影响了法律的严肃性。①

其次，胜诉酬金的比例分配方式容易导致诉讼收益中的绝大部分为律师获取，为数众多的原告成员获益甚微，严重背离了以集团诉讼为代表的群体性诉讼便利弱势群体"接近正义"（access to justice）的本意，造成群体性诉讼的异化。弗吉尼亚大学的 Jeffery O'Connell 教授的计算表明，损害赔偿的金额只有大约15%能到请求者手里，集团诉讼的主要受益者不是原告，而是律师。②

再次，胜诉酬金的计算方法容易导致律师有意拖延诉讼进程，造成"缠讼"。胜诉酬金制度常常根据"计时法"——律师付出的"合理的"工作时间与"合理的"计时标准——来计算集团律师的报酬。③ 为了准确反映律师的努力程度，法院常常会对律师的计时酬金乘以一个反映案件风险和律师努力程度的系数，这就要求法院付出相当多的时间、精力去查阅数不胜数的律师记录，评估律师的工作时间。由于这一计量方法的不确定性、律师报酬与工作时间成正比例关系，律师为了尽可能获

① 范愉：《集团诉讼问题研究》，北京大学出版社2005年版，第79页。
② 李响、陆文婷：《美国集团诉讼制度与文化》，武汉大学出版社2005年版，第32页。
③ 范愉：《集团诉讼问题研究》，北京大学出版社2005年版，第183页。

得更多的酬金，就会以集团诉讼人数众多、问题复杂为由，采取各种拖延诉讼进程的策略，人为延长诉讼时间，导致诉讼冗长耗时，法院和双方当事人纠缠其中，不得解脱，严重浪费司法资源和社会财富。

最后，巨额的胜诉酬金还会成为集团律师牺牲集团成员利益的诱致性因素。被告一方为了避免诉讼失败，很可能采取在和解谈判中商谈、确定集团律师酬金额的办法诱使集团律师与之"共谋"，制定不利于原告方的和解条款。

基于以上负面效应，原本作为提起集团诉讼激励机制而设立的胜诉酬金在实践中已日益失去了应有的制度价值，蜕变为兴讼之徒的牟利工具。对此，学者们一针见血地指出："胜诉酬金逐步变成了一种大胆和公开牟利的产业基础，成为一种在一般情况下热衷实行的首要方式而不是特殊疑难案件中的最后手段。胜诉酬金使律师受到巨大利益的有力刺激，去谋求最大数额的金钱，也造就了很多一夜成为百万富翁的人。"[1]

同理，对于采取集团诉讼形式的条款违诺追责之诉来说，胜诉酬金制度并不适合。宏观调控是体现国家能力的特殊公共物品，关涉经济增长、结构优化、总量平衡、国际收支均衡等诸多国计民生指标，事关重大，影响深广，调控主体自然是"任重道远"，必须要有一个调控职能顺利运转的合理空间。如果不加反思地推行胜诉酬金制度，其因高额利润的异化所带来的"滥讼""缠讼"效应将给宏观调控的正常展开带来诸多干扰，严重的话甚至会危及社会整体经济安全。另外，调控违诺

---

[1]　李响、陆文婷：《美国集团诉讼与文化》，武汉大学出版社 2005 年版，第 39 页。

追责集体诉讼的对方当事人不是一般的市场微观主体，而是中央层级的国家机关，由胜诉酬金制度引发的"滥讼""缠讼"效应也将给其调控措施的公定力、确定力甚至社会公共形象带来诸多不良影响。因此，以群体性诉讼中至为常见的胜诉酬金制度为透视点，对调控违诺追责之诉采取的集团诉讼形式进行必要的检视和反思，以此在调控受体的信赖利益保护与调控主体的调控正常展开之间找到恰当的平衡点，应当是建构调控违诺追责之诉的司法实施机制所不可或缺的。

第五章　宏观调控信赖利益保护的司法组织创新

　　通过宏观调控违诺追责之诉来保护调控受体的信赖利益，真正落实宏观调控领域中信赖利益保护的"可实施性"，不仅仅需要实施机制——实践中主要是诉讼程序——的适应性创新，还需要依据宏观调控应当具有的稳定受体预期、树立主体讲求诚实信用、推进经济法治的内在特质，对实施机制得以有效运转的核心——法院的功能定位和案件负担进行有针对性的检视和必要的重构。过去，学界往往认为经济法特别是宏观调控法的可诉性较弱，难以有效落实对调控主体的责任追究设定，在司法维度上的制度建设空间不大。作为这一既有认知的现实折射，最高人民法院甚至取消了原有的经济审判庭，采取"大民事"审判的司法建制模式。其实，如果我们对法院的功能定位和案件负担有着科学的体认，不拘泥于传统的民事诉讼、行政诉讼和刑事诉讼三分说，可以发现，"可诉性弱"并不是导致调控的法律责任设定难以在司法层面有所作为的原因；相反，司法组织创新的阙如才是导致"可诉性弱"的重要原因之一。基于这一因果关系的重置，我们可以为"大民事"审判格局进行制度改革提供有益的智识支持，为宏观调控法、经济法的"可诉性弱"正名。

一 司法职能拓展与调控违诺
责任追究的制度供给

（一）基于个案裁决的司法职能传统认知

在传统的考察视角下，立法、行政、司法三者各司其职，各负其责，可谓泾渭分明。按照美国学者古德诺的界定，"政治"（即立法）具有与政策或国家意志的表达相关的功能，"行政"具有与政策或国家意志的执行相关的功能，而"司法"则是具有以体现政策或国家意志的法律规范为依据，解决具体纠纷的功能。[①] 易言之，司法是一种以国家公权力为支撑的纠纷解决机制，法院的职能应当圈定在个案裁决之内，着眼于具体的事实问题与法律问题，对双方当事人的微观权利和义务进行配置，实现个案正义，而不能闯入其他社会机制的界域，特别是公共政策的舞台。

立法是广义的公共政策形成的方式，是一个立法者、公众、代议代表、利益集团交涉互动的公共意志形成过程。基于不同的阶层归属、角色认同和兴趣心理，立法所关涉的多元主体的利益、目标呈弥散化状态，构筑了多元化的公共意志形成背景。在不同利益导向的支配下，各主体与拟议对象的关联迥异，自然对其所涉及的权利、义务配置有不同的认知与解读，因此，对其合理性亦会给出相互冲突甚至截然相反的判断。通过意见

---

① ［美］古德诺：《政治与行政》，王元译，华夏出版社1987年版，第1页。

表达环节——这个在应然层面充分体现哈贝马斯所言"沟通理性"的公共空间，各方的意见都有可能遭遇他方的质疑批评，同时也可能对他方观点进行商榷证否，由此形成信息多向流动、观点彼此交锋的复杂图景。相应地，拟议对象也随之经受来自各方的审视、考量，其各种收益和成本、消极和积极后果得到多个角度的观察、掂量，正当性、合理性不断经受锤炼、打磨，最后出炉的多数意见一般都是能够大体反映各方判断的、"精炼"过的平衡妥协。与之相适应，以立法为代表的公共政策的出台势必要求制定者、参与者的足够的代表性，否则无从体现"公共意志的聚合"这一立法的内生特质。

司法则与此不同。一般而言，法官并非选任，司法独立的职业逻辑更要求法官不受选民、利益集团的干预和影响，依据内心良知和职业技能对提交的个案纠纷做出独立审慎的裁判，由此也塑造了典型的司法样式——"法官正襟危坐，聆听并引导纠纷当事人举证、质证和辩论，依据立法者已经提供的既有法律做出裁判。"① 司法的权威被局限在安全但狭窄的"保护"和"镇压"功能的道路上，其管辖范围不会超越实质上可以视为个案纠纷的范畴，不论是民事纠纷抑或刑事争议——因为它们不会涉及立法、行政或其他部门较新的、普遍的并且通常为自由裁量的"促进公共政策"的角色。②

（二）基于能动主义的司法功能拓展

随着工业社会日益深化的转型与变迁，司法的传统角色也

---

① 沈岿：《司法解释的"民主化"和最高法院的政治功能》，《中国社会科学》2008年第1期。

② ［意］莫诺·卡佩莱蒂：《比较法视野中的司法程序》，徐昕、王奕译，清华大学出版社2005年版，第27页。

在不断地嬗变。当代世界不少国家皆以大规模生产、大规模销售和大规模消费的经济为特征，而这一特征已远远超越了经济部门本身，还涉及社会关系、行为、情感和冲突。由于现代社会日益复杂，单一人类行为可能影响人群的情形越来越多。结果，法院诉讼的传统结构——仅为双方当事人之事——已经变得不能维持了。影响广泛的经济计划、危害健康的包装、废弃物的排放、虚假广告或违反集体劳动合同所造成的影响，可能涉及众多的社会成员，乃至整个社会。① 在这一社会语境的约束下，司法的既有职能边界大大拓宽，以集团诉讼为代表的新型诉讼请求在很大程度上将法院引入公共经济政策的舞台，使法院不得不对一些重大公共问题做出社会公共政策上的评价或判断，很多具有里程碑意义的判决影响和改变了一系列重要的公共政策，发展出了司法的"政策发现"功能。②

司法能动主义对于公共政策安排的影响力在法院特别是最高法院力量强大的美国体现得尤为突出。当社会出现了一场或几场运动，它们通常以一部分社会精英的观念开始形成并进而试图改变先前的法律或者社会习俗为特征。这些运动势力虽然慢慢壮大，然而仍然缺乏实现巨大社会变革所需要的政治力量（在立法机关形成一个多数）。赞成这种进步观念的最高法院于是开始进行干预，并试图使这种"新兴"观点成为社会公共政策的基础。一旦能够通过司法进而在法律上确定下来，社会变革的进程就会加快，公众观念的变化也会随之加快。比如，最

① ［意］莫诺·卡佩莱蒂：《比较法视野中的司法程序》，徐昕、王奕译，清华大学出版社 2005 年版，第 34 页。

② 参见李响、陆文婷《美国集团诉讼与文化》，武汉大学出版社 2005 年版。

高法院的 Miller v. California 一案和 Paris Adult v. Slaton 一案就保护了不少过去被认定为非法的出版物。[①] 又比如，过去美国深受基督教文化的影响，堕胎极为罕见并被视为一种耻辱。但是，自 Roe v. Wade 案确立了公民在堕胎方面的广泛权利之后，现在堕胎已经完全变成稀松平常的事情。通过法院判决将一个有争议的做法合法化就会使它随着时间的推移成为人们在道德上可以接受的东西，从而也会不断地削弱抵制它的社会力量。可以说，最高法院的司法作为在许多方面都使得社会的"主旋律"发生诸多变化，进而促使整个社会的判断标准也会发生相应变化。概言之，司法能动主义的践行能够推进社会变革（这类变革曾经受到过多内部制约机制的政治程序的阻碍），可以打破社会力量之间的无效率均衡，它不仅能引起短期政策的变革，而且也能导致一个社会长期态度的变化。[②]

在急剧变动的社会现实面前，如果法院及其法官仍然抱残守缺，恪守古典政治理论对于司法职能的传统限制，极力避免自身介入公共政策安排之中，那么，其必将因为对古典政治理论的臣服而对现实挑战无能应对；如果法院及其法官能够顺应社会新型权利需求，积极而又不失分寸地维护、推动新型权利的生长，那么，尽管其表现出与传统职能大相径庭的积极性、创造性和能动性，也仍然能够获得甚至更能获得社会正当性和公众的认可。

---

① ［美］克里斯托弗·沃尔夫：《司法能动主义》，黄金荣译，中国政法大学出版社2004年版，第103页。

② 同上书，第104—105页。

（三）作为调控违诺责任追究之制度供给进路的司法解释

在西方国家尤其是素有"九个大法官统治的国度"之称的美国抑或是经由行政法院发展行政法的法国，尽管诉讼在社会转型的过程中发挥了重要作用，但是，对于当下的中国而言，意欲借助诉讼达致上述司法能动效果，尚未具备足够成熟的条件。中国是历史悠久的成文法国家，判例并非是一种对裁判者具有刚性约束的法律渊源，裁判者没有"遵循先例"的法定义务。由于上诉制度的影响，下级法院在案件审理过程中很可能参考上级法院对于相同案件或同类案件的裁判，以避免自己做出的判决被推翻。在这个意义上，可以说，来自上级法院的司法判决对下级法院有一定的"弱约束力"，是一种参照层面上的"约束力"。另外，目前部分地方法院尝试建立"示范性案例""指导性案例""典型性案例"的做法，亦可以被视为扩大诉讼影响的努力，但是，由于其仅限于做出判例的法院内部，仍然无法与严格意义上的司法能动主义相比肩。

然而，当下中国社会的急剧转型与变革需要司法扩张自己的力量边界。对于调控违诺责任追究——这有可能影响中国法治进程——的重要实践来说，立法由于其时滞性、利益集团博弈的复杂性以及繁复的议事日程约束，可以提供的制度资源远远不敷使用，而以霍姆斯意义上的实用主义立论的能动性司法将会是可以依凭的制度供给渊源。

一般地，如果需要对肆意违背调控承诺的行为追究调控责任，保护调控受体的信赖预期，那么，作为宏观调控法律体系之核心的《宏观调控基本法》应当为责任追究提供可资操作的法律依据。但是，至少从目前具有示范意义的谢百三诉财政部一案来看，《宏观调控基本法》迟迟不能出台的"制度稀缺症"已经严重阻碍了宏观调控领域"规则之治"的形成。2001 年 12 月 7 日，复旦大学教授谢百三对财政部"暂停"第七期国债的决定向北京市第一中级人民法院提起诉讼。谢百三认为，财政部的行为属于具体宏观调控行为，符合《行政诉讼法》关于行政诉讼范围的规定。同时，其起诉状又强调，财政部在发行该国债以前，以承诺国债可以自由流通上市作为要约，使得广大投资者纷纷购买。但是，待到发行结束，财政部下发了一个通知，暂时禁止这期国债的回购交易。财政部的这一决定违背了它在国债发行时与投资者签署的合约。国债的流通遭到禁止，侵害了普通投资者的财产权。财政部是国家机关，但同时又是国债的卖方，而全国人民（买国债的个人和机构）是买方，双方拥有平等的权利义务，是一种平等的商业关系、契约关系，而不是上下级关系。① 在这里，谢百三既认定财政部变更国债可以回购的承诺、禁止国债回购是一种违约式的民事行为，同时又针对其提起行政诉讼，充分体现出其诉讼请求因为现行宏观调控法律体系缺乏明确的调控主体诚信义务规定从而给调控受体带来的诉讼逻辑混乱，由此也直接影响其诉讼请求是否能得到法院的支持。尽管谢百三在其起诉状中先后援引了《行政诉讼法》第十二条第七款、《国库券条例》第八条的规定作为证明财政部一改国债可以回购的承诺、禁止国债回购交易之违法性依据，但是，由于缺乏统摄性的调控主体诚信义务规定，以

---

① 陈杰人：《不满国债回购禁令　复旦博导要告财政部》，《中国青年报》2001 年 12 月 7 日。

上规范性法律文件也未能给其诉讼提供足够的制度支持，反而交缠纠结于行政规定与民事违约如何协调、调控受体到底应当提起何种性质之诉的困境之中。

其实，如果我们对某一诉讼请求的法律依据采取功能主义的立场，而非固守立法中心主义的做法，作为我国法律渊源的、出自最高人民法院的司法解释完全可以成为支持调控主体权利请求的制度资源。因为，在我国的司法实践中，"抽象规则形式的司法解释，往往既来源于个案，又超越实际个案。因为，最高法院可以不拘泥于特定案情或特定当事人的意见陈述，可以像立法机关那样，广泛听取相关利益主体的意见；召开专家咨询会或者是论证会，甚至成立由最高法院和法官以外专家联合组成的起草小组"。① 最高人民法院，就是以这样独特的方式，履行着各国最高层级司法机构负担的通过解释发展法律的政治功能。

1. 以司法解释确定调控主体诚信义务的法律依据

全国人民代表大会常务委员会于 1981 年 6 月 10 日做出《关于加强法律解释工作的决议》，规定："凡关于法律、法令条文本身需要进一步明确界限或作补充规定的，由全国人民代表大会常务委员会进行解释或用法令加以规定。凡属于法院审判工作中具体应用法律、法令的问题，由最高人民法院进行解释。"以此决议为依据，最高人民法院于 1997 年发布了法发〔1997〕15 号《关于司法解释工作的若干规定》。其中，第二条

---

① 沈岿：《司法解释的"民主化"和最高法院的政治功能》，《中国社会科学》2008年第 1 期。

规定："人民法院在审判工作中具体应用法律的问题，由最高人民法院做司法解释"；第九条规定："司法解释的形式分为'解释'、'规定'、'批复'三种"，"对于如何应用某一法律或者对某一类案件、某一类问题如何适用法律所作的规定，采用'解释'的形式。根据审判工作需要，对于审判工作提出的规范、意见，采用'规定'的形式。对于高级人民法院、解放军军事法院就审判工作中具体应用法律问题的请示所作的答复，采用'批复'的形式"。

按照司法解释的两分模式，可以分为法律内的解释和超越法律的解释。前者多半在成文法律规定含义模糊，易引起歧义，或是规定不周延，存在语义漏洞之时，法院依据字义、成文规范的意义脉络、立法者的规定意向以及基本社会价值标准进行解释；后者多半是出现新型社会问题之时，现有的成文规范资源不敷使用，法院以司法解释的形式进行"超越法律的法的续造"，在宪法原则或法律原则之下，创构出一些规范性法律文件未曾包含甚至不曾构想过的法律制度。①

循此，上述第九条规定的"对于如何应用某一法律或者对某一类案件、某一类问题如何适用法律所作的规定"的司法解释可以做出以下划分：首先，同是对规范性法律文件的解释。这种解释主要在于澄清成文规范的模糊、不确定、有歧义之处，必须以既有的规范性法律文件为解释依据，属于两分法中的"法律内解释"。其次，是对某一类型的问题如何适用法律的解

---

① 参见［德］卡尔·拉伦兹《法学方法论》，陈爱娥译，商务印书馆2003年版，第286—287页。

释。这种解释没有成文规范作为解释基础，法官诉诸法治原则或法律原则为需要裁判的社会纠纷进行"法的续造"，为欲经由诉讼而"接近正义"的当事人提供诉讼请求的法律依据，在相当意义上已经改变了"法律的发现者"①的传统形象。这种两分法在我国最高人民法院的司法解释实践中也得到了体现与认可——最高人民法院《关于适用〈中华人民共和国担保法〉若干问题的解释》属于解释规范性法律文件的"法律内解释"，而《关于审理存单纠纷案件若干问题的规定》《关于冻结、拍卖上市公司国有股和社会法人股若干问题的规定》则属于创设法律依据的立法型"法的续造"。②

我国尚未出台作为宏观调控法律体系核心的《宏观调控基本法》，对于宏观调控权行使的基本原则、调控主体的法律责任缺乏具有足够统摄性与涵盖力的集中规定，散见于单行的财政、税收、国债等规范性法律文件中的相关规定不仅零散，而且在司法操作的层面上来看"可实施性"较弱，远远无法满足调控受体保护自身合法权益的要求。因此，当复旦大学教授谢百三就财政部随意改变国债可回购的承诺而提起诉讼时，不可避免地遭遇了"到底是行政诉讼还是民事诉讼"的质疑与尴尬，其权利诉请也难以获得司法支持。正如法国法学家惹尼所言，法官不得因为缺乏法律规定而拒绝向当事人提供救济。当类似于谢百三诉财政部一案的调控违诺追责之诉面临成文法律依据阙

---

① 参见［美］理查德·A. 波斯纳《法律、实用主义与民主》，李国庆等译，中国政法大学出版社 2005 年版，第 323 页。
② 参见曹士兵《最高人民法院裁判、司法解释的法律地位》，《中国法学》2006 年第 3 期。

如的困境之时，最高人民法院完全可以依据上述《关于加强法律解释工作的决议》《关于司法解释工作的若干规定》中有关司法解释的职能规定和既有实践，以抽象的司法解释的形式为调控主体的承诺变更提供判断标准，为调控受体的信赖利益请求提供法律依据。这一"规则创设"方式可以说是一种为解决实践新问题创立法律依据的解释工作，是一种影响公共经济政策的政治职能的发挥，这样的政治职能躲在"法律解释"的面纱下，起着"静悄悄的革命"之作用。① 但是，由于其以法律解释为载体，效力仍然与《宏观调控基本法》等确立的相对应规范不处于同一效力层面，因此，最高法院以司法解释界定了司法能动主义的"造法"边界，并没有僭越宪法确定的权力范围②，避免了司法触角过分伸入生活、导致泛立法化的危险。

2. 以司法解释进行"法的续造"的既有实践

在没有现成的规范性法律文件的条件下，以司法解释的形式进行"法的续造"，我国最高人民法院已经采取了此类做法，为在调控违诺追责之诉中借助司法解释供给法律依据奠定了必要的实践基础。

1990 年 11 月 12 日最高人民法院发布法（经）发〔1990〕27 号《关于审理联营合同纠纷案件若干问题的解答》（以下简称《解答》），其中在第四条"关于联营合同中的保底条款问题"之（二）中规定，"企业法人、事业法人作为联营一方向联营体投资，但不参加共同经营，也不承担联营的风险责任，

---

① 参见沈岿《司法解释的"民主化"和最高法院的政治功能》，《中国社会科学》2008 年第 1 期。

② 参见余凌云《法院如何发展行政法》，《中国社会科学》2008 年第 1 期。

不论盈亏均按期收回本息，或者按期收取固定利润的，是明为联营，实为借贷，违反了有关金融法规，应当确认合同无效"。《解答》属于司法解释性质，在发布后，其中的第四条之（二）的规定便成为各级法院判决企业之间相互借贷合同无效的依据。然而，该条规定当时并无法律和法令依据。在《解答》发布五年后，中国人民银行才于 1995 年发布了部门规章性质的《贷款通则》，其中第六十一条规定，"各级行政部门和企事业单位、供销合作社等合作经济组织、农村合作基金会和其他基金会，不得经营存贷款等金融业务。企业之间不得违反国家规定办理借贷或者变相借贷融资业务"。显然，《解答》第四条之（二）的法律效力不是来自"对法律、法令的有权解释"，而是来自"法的续造"式的司法解释能动创造，因为至今中国都还没有这样的"法律、法令"。①

3. 调控违诺追责诉讼之司法解释的法律原则基础

尽管从事"法的续造"式的司法解释具有一定的"准立法"特色，但是从权力性质来看，包括司法解释在内的司法权不是具有充分民主性的权力，其不同于立法可以借助细致的议事程序、代表的多元化来获致所创规则的正当性。为了保证司法解释不至于干犯立法权力，同时又能有效弥补法律规范供给之不足，"法的续造"应当以普适的法律原则为依据。

这种以法律原则为基础的"司法化规则创设"是法制史上的一个共性现象。在英国，枢密院很注意运用法的一般原则来

① 曹士兵：《最高人民法院裁判、司法解释的法律地位》，《中国法学》2006 年第 3 期。

解决规则不足的问题，越权无效原则一直是司法审查进而决定是否在推翻原有规则的基础上创设新规则的基础。法国行政法院始终坚持认为，1789 年《人权宣言》是与所有宪法文本相分离的，它构成了一个永恒的法的基本原则。在其基础上，法国行政法院以司法权力使得行政法获得了长足发展。而德国宪法法院则认为高等法院在一般法律原则的基础上填补立法的诸多空隙是一种自然的任务。[①]

诚信原则可谓法律中的"帝王条款"，具有普适的法治价值。其以诚实守信、公平正义为终极价值追求，强调的是一方法律主体对于另一方之信赖的尊重，具有强烈的普适性色彩。因此，其不仅见之于民法等传统私法部门，也在行政法等公法领域得到了广泛的适用。在德国法学家海德曼那里，"诚信原则之作用力，世罕其匹，为一般条项之首位"。[②] 作为统摄性的要素，诚信原则可以解释、补充或评价法律行为的准则，可以为解释或补充法律的准则，更可以为制定或修订法律的准则提供基准。

调控违诺追责之诉的根本目的在于促使调控主体有足够的激励在执行阶段信守其于决策阶段业已做出的调控承诺。在非有重大情势变更、不可抗力的情形下，或者非依法定程序，应保持调控措施安排在时间序列上的一致性，以此稳定调控受体预期，保护其信赖利益，促成宏观调控领域中作为强势一方的调控主体注重公信力，实现该领域中弥为珍贵的"规则之治"，

---

① 余凌云：《法院如何发展行政法》，《中国社会科学》2008 年第 1 期。

② 刘莘、邓毅：《行政法上之诚信原则刍议》，《行政法学研究》2002 年第 4 期。

为推动国家治理模式转型奠定基础。这一目标追求恰好是诚信原则的题中应有之义，因此，倘若为调控违诺追责进行"法的续造"式的司法解释以诚信原则为基础，则可以保证所创设的权利义务格局既能满足受体救济的需要，又能将之限定在法治许可的轨道内，不至于侵入立法权的领地，颠覆古典政治理论对不同国家机构的职能界定。

二　基于分工语境的审判组织安排

（一）调控违诺追责对审判组织的知识挑战

宏观调控违诺追责在"主体—受体"形成的公私二元博弈结构中展开，按照惯常的分类方式，很容易被划入行政诉讼范围；同时，其多关涉财产性损益的重新分配，且对于以授权性规范为外观表现的调控措施而言，调控受体可以凭借自愿性的遵从对之回应，故而在司法实践中容易被视为主体与受体之间的宽泛意义上的民事契约，也有相当可能被划入传统民事诉讼范围。然而，无论是着眼于所涉当事人的特殊性，还是侧重于承诺和遵从之间的合意性，上述两种实施进路都忽略了一个在专业分工已成为司法约束性背景下[①]的核心问题：知识与裁判组

---

① 比如，在美国联邦司法体系中，除普通法院之外，还存在相当数量的专门法院。主要的联邦专门法院有：关税上诉法院、商业法院、专利上诉法院（在1982年与求偿法院的上诉庭合并为美国联邦巡回区上诉法院）、国际贸易法院等。而联邦巡回法院、税务法院及破产法院则是其中最著名的联邦专门法院。虽然某些专门法院已告消逝，但是在社会分工加速、联邦司法体系无法回避"新一轮案件潮汹涌而来"的约束条件下，发展专门法院实属大势所趋。参见 Posner, Richard A. , *The Federal Courts: Challenges and Reform*, Cambridge: Harvard University Press, 1999。

织安排的匹配与否——裁判组织安排是否有能力对专业化信息正确解码，是否有能力高效率运用专门化知识准确判定因果关系、分配责任，以将分工深化引致的信息费用降到最低。

从基于分工的知识维度来看，作为调控承诺证成装置的信赖利益保护对现有的裁判组织安排提出了挑战。虽然分享了传统行政诉讼、民事违约诉讼的形式要素，但其赖以有效展开、运转的知识资源却具有很强的独立性。与传统裁判格局下的"重叠性共识"或"常规科学"不同，其常关涉的财政收入政策、财政支出政策、调节法定存款准备金和再贴现率、公开市场业务等，均属于专门化程度较高而在传统裁判组织内共享程度较低的宏观经济学专业知识，对之正确解码必须具备达致临界点的知识存量和相应的知识结构；而在行政诉讼或民事诉讼中，为司法经济性考虑，裁判者往往围绕所处领域的常规案件来积累知识资源和人力资源，并形成相当的知识资产专用性。[①]这些专用性的知识资产有其专门用途，一旦置入非匹配的陌生场域，很容易发生贬值或使用无效率、低效率的现象——即便是杰出如霍姆斯大法官的裁判者，也不可避免发出喟叹，"我听取着律师们的辩论，有时候是关于铁路问题的，有时候是关于一项专利的，有时候是关于一个海事案件的，有时候又是关于一项破产的，诸如此类，我不知道多少次发现自己简直就是个大傻瓜（许多人也发现了）"。[②]值得注意的是，霍姆斯是在 20

---

① ［美］奥立弗·E. 威廉姆森：《治理机制》，王健、王世建译，中国社会科学出版社 2001 年版，第 113 页。

② Posner, Richard A., *The Federal Courts: Challenges and Reform*, Cambridge: Harvard University Press, 1999, p. 259.

世纪 20 年代（1923 年 5 月 14 日霍姆斯写给吴经熊的信）洞悉普通法官对初露端倪的专业化应对的尴尬；时至今日，不难想见，这类专业分工引致的"傻瓜"体验将会有更高的出现概率。因此，如果仍将调控违诺追责的权力配置给传统行政庭、民事庭，具有知识比较优势的调控主体就很容易基于"专业化的纪律"在此场域中形成"技术的垄断"①；并且，"信任往往产生于对他人行为的无知"②，裁判者将由于双方专业知识的不对称而自觉或不自觉支持主体对违诺行动的正当化，使得调控违诺成为外部裁判者很难有效甄别的"私人信息"，导致准确在司法层面（司法是围绕证据证明的活动）认定主体改变承诺行为之性质的信息费用高昂。

（二）专业法院对于调控违诺追责的知识适应性

特别需要指出的是，精到把握编码化的调控专门性知识并不意味着与违诺追责机制的有效运转无缝对接，按照英国大法官科克的说法，案件的裁判可能更仰赖于在长期的司法经验中形成的实践理性。尽管学理研究在宏观经济学的支持下可以积累信赖利益保护的归责原则、责任构成要件等可以便利地一般化、交流起来信息费用合理的知识，但是，知识本身并不等同于知识的运作，诸如违诺赔偿数额计算、赔偿费用在受体之间的分配特别是有意违诺与情势变更引致的"不得不"之间的正确判分，将更多地取决于裁判者对经济政策的把握、宏观经济走势的洞察以及对社会总体福利的掂量，这是裁判者在不断将

---

① 参见 Becker, G. S. and K. M. Murphy, "The Division of Labor, Coordination Costs, and Knowledge", *Quarterly Journal of Economics*, Vol. 107, No. 4, 1992, pp. 1137 – 1160。

② 同上。

规则化的编码知识适用于无数个当下情境的过程中渐渐累积起来的、"习"得的实践技艺①，而非仅仅是一般框架性的、可以"学"得的裁判原则。基于分工与效率的正向勾连②，这一实践理性的形成需要将专门化程度很高、关涉宏观调控类案件从传统的行政和民事案件中剥离出来，以营造支撑其生长发育的独立空间，使得裁判者有足够的时间、精力和激励去积累、磨砺与追责有关的专门性"意会"知识。并且，特别是对于实践性的司法技艺来说，专业网络内传递的信息质量通常较网络外为高③，如果没有一个相对隔离的场域作为信息流动、默契形成的载体，"习"得的意会知识由于其难以借助编码化予以稳定的特性，往往很容易在与"他者"信息的纠结交缠中被不经意地湮没，难以成为裁判群体的"common knowledge"（共有知识）并实现知识共享的规模效应。因此，在"大民事"审判模式下，案件负担构成的过度多样性（当然，适当多样性有助于适应知识既分工又相互渗透的现实）实际就从组织要件上减弱甚或取消了调控违诺追责（司法）技艺积累、发展和传播推广的可能。

在专业分工日益深化、细化的语境约束下，实现裁判组织安排的专门化及附着其上的法官职能专门化是一个有效率的应对——"专心从事于一件工作的某个人，比起某个更有能力但同时从事多件工作但并未真正掌握好其中任何一件工作的人，

---

①　参见 Polanyi, Michael, *Personal Knowledge：Towards a Post - Critical Philosophy*, Chicago：University of Chicago Press, 1962。

②　参见杨小凯等《新兴古典经济学和超边际分析》，中国人民大学出版社 2000 年版，第 143—144 页。

③　参见 Granovetter, M., "Economic Action and Social Structure：The Problem of Embeddedness", *American Journal of Sociology*, Vol. 91, No. 3, 1985, pp. 480 –510。

可能表现更好。专门化经常会提高效率"，同时亦是不可逆转的趋势——美国包括税务法院、专利法院、破产法院、反托拉斯法院、社会保障法院在内的并且仍在不断细化的联邦专门法院体系，以及我国不断涌现的知识产权、信息产品纠纷对现行民事审判、行政审判、刑事审判三分格局形成的知识挑战，都有力证实了这一点。因此，如果能够穿透调控违诺追责与传统民事、行政诉讼分享的形式要素，分离出隐于其后的知识维度，将以违诺追责为代表的宏观调控案件与一般民事和行政案件相隔离（可以采取由经济庭专司市场规制、宏观调控案件的渐进模式），那么，只要假以时日，霍姆斯式的困扰就可以借助组织要素的调适而得到化解——"当我理解了相关专业语言时，我发现就根本没有所谓的困难案件这样的东西"①；相反，取消经济庭，采取模糊分工、忽视知识特性与不同裁判组织相匹配的"大"审判模式就不是一个讲求效率的可欲安排，而毋宁是知识逻辑的错位。

① Posner, Richard A. , *The Federal Courts：Challenges and Reform*, Cambridge：Harvard University Press, 1999, p. 259.

结　论

　　在常规法学理论范式下，宏观调控往往被视为实行"相机抉择"的特殊领地，形式理性所导向的"规则之治"并不适用于此。相应地，宏观调控政策选择落入调控主体的自由裁量权的界域之内，对之如何安排、是否有必要保持以调控政策形式出现的调控承诺在时间序列上的一致性、如果调控主体非有法定事由或非经法定程序而变更了既有调控承诺是否应当追究诚信责任、如何追究诚信责任等问题无从得到应有的关注与解决，调控受体基于对调控行为公定力、确定力的信任而生成的信赖利益及其保护自然也无从落实。

　　然而，本书的分析充分表明，无论是法治秩序建构的目标指向，还是由调控主体的政策选择与调控受体的预期稳定共同决定调控绩效的效率考量，都要求调控主体必须诚实信用，在非有法定事由或者非经法定程序的情形下不得随意变更已经做出的调控承诺，由此稳定调控受体的预期，以诚实信用的公共声誉提升宏观调控绩效。作为调控主体信守调控承诺的激励—约束要素，附着于调控主体违诺追责基础之上的调控受体信赖利益保护以及相匹配的责任构造、诉讼模式选择、司法组织创新将在调控主体和受体之间科学合理地重新配置违背调控承诺的风险与损失，引导调控主体注重自身的守信与否的公共声誉、注重调控措施选择的公定力和确定力，在获致预期调控绩效的同时，积极推进我国宪法治理秩序的建构与转型。概言之，在变易性突出的宏观调控领域，调控受体的信赖利益保护已经结晶，升华出了宪法建设的"微言大义"，而其相应的制度构建亦将为经济法改变"可实施性弱"的形象做出有益的边际贡献。

参考文献

中文著作

1. ［奥］F. A. 哈耶克：《个人主义与经济秩序》，贾湛、文跃然等译，北京经济学院出版社 1991 年版。

2. ［英］路德维希·维特根斯坦：《哲学研究》，汤潮、范光棣译，生活·读书·新知三联书店 1992 年版。

3. ［奥］路德维希·维特根斯坦：《逻辑哲学论》，贺绍甲译，商务印书馆 1996 年版。

4. ［澳］布伦南、［美］布坎南：《宪政经济学》，冯克利、秋风等译，中国社会科学出版社 2004 年版。

5. ［德］M. 韦伯：《支配社会学》，康乐、简惠美译，广西师范大学出版社 2004 年版。

6. ［德］卡尔·拉伦兹：《法学方法论》，陈爱娥译，商务印书馆 2003 年版。

7. ［法］皮埃尔·布迪厄：《实践与反思——反思社会学导论》，李猛、李康译，中央编译出版社 1997 年版。

8. ［法］让·雅克·卢梭：《社会契约论》，杨国政译，陕西人民出版社 2004 年版。

9. ［古希腊］亚里士多德：《尼各马可伦理学》，廖申白译，商务印书馆 2001 年版。

10. ［美］奥立弗·E. 威廉姆森：《治理机制》，王健、王世建译，中国社会科学出版社 2001 年版。

11. ［美］彼德·布劳：《社会生活中的交换与权力》，孙非、张黎勤译，华夏出版社 1987 年版。

12. ［美］伯·霍尔茨纳：《知识社会学》，傅正元、蒋琦译，湖北人民出版社 1984 年版。

13. ［美］戴维·罗默：《高级宏观经济学》，苏剑、罗涛译，商务印书馆 2003 年版。

14. ［美］丹尼斯·C. 穆勒：《公共选择理论》，杨春学、李绍荣译，中国社会科学出版社 1999 年版。

15. ［美］道格拉斯·G. 拜尔、罗伯特·H. 格特纳、兰德尔·C. 皮克：《法律的博弈分析》，严旭阳译，法律出版社 1999 年版。

16. ［美］古德诺：《政治与行政》，王元译，华夏出版社 1987 年版。

17. ［美］克里斯托弗·沃尔夫：《司法能动主义》，黄金荣译，中国政法大学出版社 2004 年版。

18. ［美］理查德·A. 波斯纳：《超越法律》，苏力译，中国政法大学出版社 2001 年版。

19. ［美］理查德·A. 波斯纳：《法理学问题》，苏力译，中国政法大学出版社 2002 年版。

20. ［美］理查德·A. 波斯纳：《法律的经济分析》（下），蒋兆康译，林毅夫校，中国大百科全书出版社 1997 年版。

21. ［美］理查德·A. 波斯纳：《正义/司法的经济学》，苏力译，中国政法大学出版社 2002 年版。

22. ［美］罗伯特·D. 考特、托马斯·S. 尤伦：《法和经济学》，张军译，上海三联书店、上海人民出版社 1994 年版。

23. ［美］曼瑟尔·奥尔森：《集体行动的逻辑》，陈郁等译，上海三联书店、上海人民出版社 1995 年版。

24. ［美］斯蒂文·J. 伯顿主编：《法律的道路及其影响——小奥利弗·温德尔·霍姆斯的遗产》，张芝梅、陈绪刚译，北京大学出版社 2005 年版。

25. ［美］托马斯·库恩：《科学革命的结构》，金吾伦、胡新和译，北京大学出版社 2003 年版。

26. ［美］小詹姆斯·R. 斯托纳：《普通法与自由主义理论》，姚中秋译，北京大学出版社 2005 年版。

27. ［美］詹姆斯·M. 布坎南：《同意的计算——立宪民主的逻辑基础》，陈光金译，中国社会科学出版社 2000 年版。

28. ［日］谷口安平：《程序的正义与诉讼》（增补本），王亚新、刘荣军译，中国政法大学出版社 2002 年版。

29. ［日］青木昌彦：《比较制度分析》，周黎安译，上海远东出版社 2001 年版。

30. ［日］小岛武司：《诉讼制度改革的法理与实证》，陈刚等译，法律出版社 2001 年版。

31. ［日］盐野宏：《行政法》，杨建顺译，法律出版社 1999 年版。

32. ［意］莫诺·卡佩莱蒂：《比较法视野中的司法程序》，徐昕、王奕译，清华大学出版社 2005 年版。

33. ［意］莫诺·卡佩莱蒂：《福利国家与接近正义》，刘俊祥等译，法律出版社 2000 年版。

34. ［英］伯兰特·罗素：《西方哲学史》（下册），马元德译，商务印书馆 1976 年版。

35. 《老子》，山西古籍出版社 1996 年版。

36. 陈新民：《德国公法学基础理论》，山东人民出版社 2001 年版。

37. 陈新民：《行政法学总论》，台湾三民书局 1997 年版。

38. 范愉：《非诉讼纠纷解决机制研究》，中国人民大学出版社 2000 年版。

39. 范愉：《集团诉讼问题研究》，北京大学出版社 2005 年版。

40. 方福前：《公共选择理论——政治的经济学》，中国人民大学出版社 2001 年版。

41. 傅静坤：《二十世纪契约法》，法律出版社 1997 年版。

42. 胡鞍钢、王绍光：《中国国家能力报告》，辽宁人民出版社 1993 年版。

43. 胡代光主编：《西方经济学说的演变及其影响》，北京大学出版社 1998 年版。

44. 金碚：《新编工业经济学》，经济管理出版社 2005 年版。

45. 李国光：《合同法解释与适用》，新华出版社 1999 年版。

46. 李响、陆文婷：《美国集团诉讼与文化》，武汉大学出版社 2005 年版。

47. 梁书文主编：《民事诉讼法实施问题研究》，人民法院出版社 2000 年版。

48. 刘剑文：《财政税收法》，法律出版社 2007 年版。

49. 卢炯星主编：《宏观经济法》，厦门大学出版社 2005 年版。

50. 骆永家：《民事法研究》（三），台湾三民书局 1989 年版。

51. 沈宗灵：《现代西方法理学》，北京大学出版社 2012 年版。

52. 苏力：《法治及其本土资源》，中国政法大学出版社 1996 年版。

53. 苏力：《制度是如何形成的》，中山大学出版社 1999 年版。

54. 王贵松：《行政信赖保护论》，山东人民出版社 2007 年版。

55. 王军：《美国合同法》，中国政法大学出版社 1996 年版。

56. 王利明：《侵权行为法归责原则研究》，中国政法大学出版社 2003 年版。

57. 王利明：《侵权行为法研究》，中国人民大学出版社 2004 年版。

58. 王名扬：《美国行政法》，中国法制出版社 1995 年版。

59. 王培韧：《缔约过失责任研究》，人民法院出版社 2004 年版。

60. 王泽鉴：《民法学说与判例研究》（第一册），台湾三民书局 1980 年版。

61. 韦森：《社会秩序的经济分析导论》，上海三联书店 2001 年版。

62. 肖建华：《诉讼当事人研究》，中国政法大学出版社 2002 年版。

63. 杨小凯等：《新兴古典经济学和超边际分析》，中国人民大学出版社 2000 年版。

64. 余永定、张宇燕等：《西方经济学》，中国社会科学出版社 1999 年版。

65. 张杰、殷玉平编著：《大师经典——1969—2003 诺贝尔经济学奖获得者学术评介》，山东人民出版社 2004 年版。

66. 张守文：《经济法理论的重构》，人民出版社 2004 年版。

67. 张维迎：《博弈论与信息经济学》，上海三联书店、上海人民出版社 1996 年版。

68. 张维迎：《信息、信任与法律》，生活·读书·新知三联书店 2003 年版。

69. 周枏：《罗马法原论》（下册），商务印书馆 1994 年版。

中文论文

1. ［美］格兰特·吉莫尔：《契约的死亡》，曹士兵、姚建宗、吴巍译，载梁慧星主编《为权利而斗争》，中国法制出版社 2000 年版。

2. ［美］吉尔兹：《地方性知识：事实与法律的比较透视》，载梁治平编《法律的文化解释》，生活·读书·新知三联书店 1994 年版。

3. 曹士兵：《最高人民法院裁判、司法解释的法律地位》，《中国法学》2006 年第 3 期。

4. 胡锦光：《论国家行为》，载陈光中主编《诉讼法论丛》（第 2 卷），法律出版社 1998 年版。

5. 胡永庆：《证券欺诈民事赔偿案件中集团诉讼模式之构建》，《比较法研究》2004 年第 4 期。

6. 李昌麒、胡光志：《宏观调控法若干基本范畴的法理分析》，《中国法学》2002 年第 2 期。

7. 李伟、陈乃新：《论宏观调控权力权利化——宏观调控权之法理学解读》，《兰州学刊》2005 年第 1 期。

8. 李晓华：《产业组织的垂直解体与网络化》，博士学位论文，中国社会科学院，2005 年。

9. 刘莘、邓毅：《行政法上之诚信原则刍议》，《行政法学研究》2002 年第 4 期。

10. 沈岿：《司法解释的"民主化"和最高法院的政治功能》，《中国社会科学》2008 年第 1 期。

11. 吴元元：《双重结构下的激励效应、信息异化与制度安排》，《制度经济学研究》2006 年第 2 期。

12. 吴越：《宏观调控：宜政策化或制度化?》，《中国法学》2008 年第 1 期。

13. 徐孟洲：《对制订〈宏观调控法〉的构思》，《法学杂志》2001 年第 3 期。

14. 杨瑞龙、杨其静：《阶梯式的渐进制度变迁模型》，《经济研究》2000 年第 3 期。

15. 余凌云：《法院如何发展行政法》，《中国社会科学》2008 年第 1 期。

16. 章礼强：《民法本质追求探究》，《西南政法大学学报》2006 年第 4 期。

英文著作

1. Weber, Max, *Economy and Society*: *An Outline of Interpretative Sociology*, ed. by Guenther Roth and Claus Wittich, Berkeley, Calif.: University of California Press, 1978.

2. Polanyi, Michael, *Personal Knowledge*: *Towards a Post – Critical Philosophy*, Chicago: University of Chicago Press, 1962.

3. Nietzsche, Friedrich, *On the Genealogy of Morals and Ecce Homo*,

ed. by Walter Kaufmann, Cambridge: Harvard University Press, 1977.

4. North, D. , *Institutions, Institutional Change and Economic Performance*, Cambridge, U. K. and N. Y. : Cambridge University Press, 1990.

5. Posner, Richard A. , *The Federal Courts: Challenges and Reform*, Cambridge: Harvard University Press, 1999.

6. Ellickson, Robert C. , *Order without Law: How Neighbors Settle Disputes*, Cambridge: Harvard University Press, 1991.

7. Quine, W. V. , *Theories and Things*, Cambridge: Harvard University Press, 1981.

英文论文

1. Alesina, A. and L. Sammers, "Central Bank Independence and Macroeconomic Performance: Some Comparative Evidence", *Journal of Money, Credit and Banking*, Vol. 25, No. 2, 1993.

2. Barro, R. J. and D. B. Gordon, "A Positive Theory of Monetary Policy in a Natural Rate Model", *Journal of Political Economy*, Vol. 91, No. 4, 1983.

3. Becker, G. S. and K. M. Murphy, "The Division of Labor, Coordination Costs, and Knowledge", *Quarterly Journal of Economics*, Vol. 107, No. 4, 1992.

4. Glarida, R. , J. Gali and M. Gertler, "The Science of Monetary Policy: A New Keynesian Perspective", *Journal of Economic Literature*, Vol. 37, No. 4, 1999.

5. Granovetter, M. , "Economic Action and Social Structure: The Problem of Embeddedness", *American Journal of Sociology*, Vol. 91 , No. 3 , 1985.

6. Hurwicz, L. , "Institutions as Families of Game Forms", *Japanese Economic Review*, Vol. 47 , No. 2 , 1996.

7. Kydland, F. E. and E. C. Prescott, "Rules Rather than Discretion: The Inconsistency of Optimal Plans", *Journal of Political Economy*, Vol. 85 , No. 3 , 1977.

8. Rubinstein, A. and M. Yaari, "Repeated Insurance Contracts and Moral Hazard", *Journal of Economic Theory*, Vol. 30 , No. 1 , 1983.

9. Spence, M. , "Job Market Signaling", *Quarterly Journal of Economics*, Vol. 87 , No. 3 , 1973.

后　记

　　拙作《宏观调控中的信赖利益保护研究：法律经济学的视角》即将由中国社会科学出版社出版，很快将和读者见面了。作为学人，作品能够列入中国社科煌煌书林，既是荣幸，也是鞭策。自2006年正式开始从事法学研究以来，至本书的出版，恰好整整十年。因此，无论是出于个人偏好还是基于注重"十"这一整数的社会集体心理，都有必要为这些年的学术心路历程写下一段记录。

　　本科阶段，我在山东大学接受了严格的数学与经济学训练，而我的硕士三年又是在北京大学的环境科学与工程学院度过，这样的求学路径对我的法学研究工作裨益甚多。理科院系的长期浸染时刻要求分析的精细、逻辑的严谨、推导的周密，它对于我学会如何真正地思考提供了非常好的"思维体操"。对于包括法学在内的社会科学来说，这种源自自然科学的精细、精密是一种有益的补充和提升。当下的转型社会，很多的法律现实问题有繁复多样的社会因素纠结其中，单一的学科工具很难对它做出有充分说服力的解释，更遑论提出切实有效的制度回应，它们需要复合的工具箱。所以，今天的法学研究，越来越多地从其他学科汲取养分和智识，这尤其需要学人具备更开放的心态和更开阔的视野，以解释问题的力度、解决问题的效度来看待学科之间的渗透。无论是要切实解决复杂的法律社会问题，还是要有足够的自信和能力与国际学界对话，多学科的法学研究方法是一种无法回避的趋势。

《宏观调控中的信赖利益保护研究：法律经济学的视角》就是这样一个基于交叉学科的智识努力。曾经有陌生的读者问我，为什么从业已发表的作品来看，涉足的研究领域跨度如此之大。其实，我的研究集中在法治建设中的"信息—激励"上，对于看起来分属于经济法、法制史、劳动法等分支学科的不同问题在"信息—激励"的主线之下进行了逻辑融贯一致的处理。这是一种方法导向型的研究路数选择，与常见的问题导向型模式差异较大——它不拘泥于具体某一个特定的研究方向，只要是着力于分析"面对既定的制度结构，行为主体将如何做出最优选择"或者是"如何构设有效的制度结构，以此引导行为主体有充分的激励选择兼容集体理性和个体理性的最优策略"这一路子就有用武之地。与常规的问题导向模式相比，它的优势在于适用范围较广，可以对各种法律问题进行很好的整合，形成一个逻辑融贯的分析主线，是一种有效率的思想组织形式，可以保持、推进一个研究者学术脉络的一致性。概言之，这种理路会对研究者有一个推力，提醒其注意论证脉络的连贯和论证逻辑的严密。在这个意义上，这部即将问世的新作即是上述谱系中的一个有机构成，它以激励理论为主线，围绕宏观调控中普遍存在的信息偏在，在调控主体和调控受体之间建构信赖利益保护机制：通过对于前者的违背调控承诺的法律责任追究和后者信赖利益损失的救济，稳定社会公众的信任预期，在宏观调控领域中落实哈特意义上的"规则之治"。个中的意涵和匠心能否如我所愿，还期待读者方家指正。

一如既往，我的每一个学理努力的背面，都铭刻着一段温暖的记忆。在此，我要郑重地写下如是谢词：

感谢中国社会科学院学部委员、我国经济学泰斗吕政老师。吕老师秉山峦云水之风，对后辈学人多有关怀扶掖，令人难忘。在我刚刚起步开始法律经济学研究的时候，吕老师即对当时在国内尚属于"新鲜事物"的这一交叉学科路子给予了充分的肯定，鼓励我注意经济学价格理论对于制度分析的解释力，注意开掘"理性人面对制度结构如何决策"这一核心命题的学术想象力；同时，吕老师鼓励我既要做实具体而微的制度建设，也要有适当的"宏大叙事"，注重宏观经济建设中的重大规则问题，注重学术写作中应有的"汉唐气象"。尤其令我感动的是，吕老师还拨冗为本书作了长文序言，勉励扶掖后学之意，殷殷纸上。

感谢北京大学法学院朱苏力老师。从来不需要想起，永远也不会忘记，苏力老师和他的学思论说，是一代代青年法律人成长路上不褪色的印记。十年来，苏力老师对我的作品和写作技法、风格多有肯定和褒奖，特别是对于我从事的以研究方法为导向的"广义法理学"更是支持有加。当下，固守学科边界遗风犹存，苏力老师的赞许和鼓励，由此愈发珍贵。这或许也是我一直坚持当年苏力老师谆谆教诲的"内心确信"的重要源泉吧。

感谢西南财经大学法学院的同事师友们。鲁篱、杨春禧、辜明安、陶维东、彭世忠、吴越、刘文、周茜、樊建梅、赵海程、汤火箭、王卓宇诸君，给予了我诸多照顾和帮助，代我承担了不少繁重的教学任务，短暂盘桓蓉城的日子也因而分外亲切。感谢秦雅静、谭博文、曾少鹏、司立鹏、范辉托、石超、魏宁、郭文利、何普、凌潇、王彦、龚晔、唐赛成、钟江涛、罗霄、赖虹宇等诸位我指导或授课的研究生同学，在离家千里的校园，你们给了老师无数温暖的帮助，我们一起走过的日子，就这样，瞬间定格。

"瞻彼淇澳，绿竹猗猗。有斐君子，如切如磋，如琢如磨。"特别感谢我的兄长，无论是在枫叶如丹的未名湖畔，还是在简朴整洁的京华寓所，我们砥砺思想、畅谈人生、出入扶将，让庸常的时光流转也变得格外明亮起来。

最后，谨以此书，献给远在净土的爸爸。您不一定满意，但我想，您仍会喜欢。您小心翼翼地保护一个孩子自由勇敢的心灵却从不减少必要的规训，永远是我的记忆里最温暖的一页。

一径行来，成长路上总是风清月白。感谢每一位相遇的园丁，感谢每一位相知的友人。感谢生活。

吴元元

2016 年 8 月